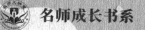
名师成长书系

U0614747

温情润泽
静待花开

名师成长历程中的学思与感悟

聂燕◎著

哈尔滨出版社
HARBIN PUBLISHING HOUSE

图书在版编目（CIP）数据

温情润泽　静待花开：名师成长历程中的学思与感
悟 / 聂燕著 . — 哈尔滨：哈尔滨出版社，2022.6
ISBN 978-7-5484-6537-9

Ⅰ . ①温… Ⅱ . ①聂… Ⅲ . ①教育—随笔—中国—文
集 Ⅳ . ① G52-53

中国版本图书馆 CIP 数据核字（2022）第 099549 号

书　　名：温情润泽　静待花开：名师成长历程中的学思与感悟
WENQING RUNZE　JINGDAI HUAKAI: MINGSHI CHENGZHANG LICHENG
ZHONG DE XUESI YU GANWU

作　　者：聂　燕　著
责任编辑：曹雪娇
封面设计：智诚源创

出版发行：哈尔滨出版社（Harbin Publishing House）
社　　址：哈尔滨市香坊区泰山路82-9号　　　邮编：150090
经　　销：全国新华书店
印　　刷：武汉颜沫印刷有限公司
网　　址：www.hrbcbs.com　　www.mifengniao.com
E-mail：hrbcbs@yeah.net
编辑版权热线：（0451）87900271　87900272

开　　本：710mm×1000mm　　1/16　　印张：9.75　　字数：157千字
版　　次：2022年6月第1版
印　　次：2022年6月第1次印刷
书　　号：ISBN 978-7-5484-6537-9
定　　价：46.00元

凡购本社图书发现印装错误，请与本社印制部联系调换。
服务热线：（0451）87900279

"什么？你要报考师范院校？"2014 年的那个夏日，当听说即将高考的儿子填报了师范院校时，我惊讶不已。虽然我家四代都从事教育事业，但对于孩子义无反顾的选择我还是有些意外。疑惑的我追问理由，孩子回答得很简单："我觉得当老师挺好的，就像您和爸爸一样，既充实又有趣。"原来，在孩子眼里，我们"三尺讲台迎冬夏，一腔热血写春秋""春蚕到死丝方尽，蜡炬成灰泪始干"的工作竟然这样有吸引力。原来，在耳濡目染中，孩子早已认定了今后的发展方向。

在过去的 30 年教学生涯里，我担任过 25 年的班主任，教过 4 年的数学和 26 年的语文。这既是研究班级管理、课堂教学的过程，也是我不断探索并形成自己独特教学风格的历程。我一直从事大循环教学，对小学一到六年级的学生特点和教材都非常熟悉，根据各年龄阶段学生的心理特点和教材的编排特点提出并坚持推进"温情教育"和"生活语文"课堂，用自己的言行举止和灵动课堂引导孩子们去"求真、求善、求美"。随着自己教育教学工作的成熟与发展，"立己达人"成了我的座右铭。2015 年，我承担了南沙区名班主任工作室主持人的工作，2018 年又承担了广州市名教师工作室主持人的工作，为年轻教师的成长提供无私的帮助和锻炼展示的舞台。我还先后承担了教育集团教师发展中心和德育中心的工作，为集团的发展、教师的成长、学生的培养、粤港澳姊妹学校的交流贡献了自己的力量。

我的进步离不开父母的熏陶和教导，也离不开丈夫李明秋的引领和帮助。他出生于一个贫苦的农民家庭，1986 年考入湖南省衡阳市第三中等师范学校，18 岁毕业后被分配到一所偏僻的农村小学任教。虽然那里只有低矮的校舍、落后的设备，但是凭借对教育事业的一腔热血，"初生牛犊不怕虎"的他很快在衡山县教育行业崭露头角。1993年，22岁的他被教育局安排到衡山县实验小学，在那里他先后担任教导主任和业务副校长，这一当就是10年。

在这期间，他率先垂范，带领老师们上公开课、研究课题、参与比赛，使实验小学的课题研究及教育教学在衡阳市乃至湖南省都小有名气。他个人也因为表现突出，被评选为"衡山县十大杰出青年"。2003年9月，因为工作调动，我们来到了广州市南沙小学，他继续担任副校长。2008年，又因为工作调动，他担任了南沙区金隆小学校长一职。为了让金隆小学的师生能够得到进步和发展，他经常整宿整宿地思考策略。

记不清有多少次，他为了处理好学校周边环境去村里一家一家进行劝说；记不清有多少次，他半夜跑去学校查看情况，甚至最后把"家"也搬去了学校隔壁，为的是站在阳台上就能将学校尽收眼底。

一转眼，他已经在金隆小学工作了13年。在他的带领下，金隆小学从一所默默无闻的小规模学校发展成为拥有五所分校的教育集团。这期间他的艰辛，我也感同身受。他多次上示范课，无数次进行即兴讲座，带领老师们通过说课、上课、评课来提升课堂教学水平。对于青年教师，他事无巨细地全方位指导，在备课、上课、写作、演讲、研究课题等方面通过各种培训来提高能力；同时开门办学，广泛收集社会和家长的建议，取长补短，为学校的发展殚精竭虑。

在不断地实践与思考中，他对学校的办学理念和方向有了自己的独特理解。他认为，教育最大的智慧就是"将孩子的健康发展放在心上"，作为义务教育的小学教育应该以"开启大爱情怀、奠基智慧人生"为基本宗旨，以"'博爱、乐学、健康、笃行'的'智慧'儿童"为基本培养目标。2012年，他凭着"以培养持续发展的人为己任"的决心，创新性地提出了"以慧启慧、以心育心"这一"慧心教育"理念，并在多年的工作实践中坚持以此为指导，取得了丰硕的办学成果。

在我和丈夫的潜移默化的影响下，2018年9月，我们的独生子李想也义无反顾地踏入了教师的行列。他毕业于广西师范大学科学教育专业，毕业后在华南师范大学附属南沙小学担任科学教学工作和班主任工作。初出茅庐的他对科学教学的现状甚为担忧。他说："科学课就应该将课堂还给学生，让他们动手操作，在实践中明白科学原理，而不是为了考试成绩而单纯地让学生死记硬背。"

他的加入，使我们的小家庭真正成了名副其实的"教育之家"。

我一直认为，真正的教育是对学生心灵的塑造，是在学生的心灵中引起共鸣和感悟。这需要教师与学生之间进行心灵沟通。教师"倾听孩子的心声，走进他们的内心"，是教育工作中至关重要的一环。正如张文质先生在《慢教育》一书中所说："教育是一个慢活、细活，是生命潜移默化的过程，所谓润物细无声，教育的变化是极其缓慢的、细微的，它需要生命的沉潜，需要深耕细作式的关注与规范。"

本书旨在通过对我本人 30 年教学经历的总结与剖析、教学方法的汇总与讲解、教学理念的呈现与演绎，阐述教育工作者应当用无条件的尊重和宽容，来实现对孩子心灵的塑造，以温和细致的耐心，静候学生心灵之花的绽放。

聂燕

2021 年 6 月 23 日

"有能力、有耐心，是和谐氛围的神奇调剂师，是大家的好朋友；和学生相处，她耐心细致，是他们的好妈妈；和家长相处，她随和贴心，是他们的好军师。"朱桂嫦如此评价聂燕。在她的心目中，聂燕老师是兢兢业业、勤勤恳恳、尽职尽责的代名词。

平日里，她总能以一种平和的态度与其他同事交流。作为名师工作室和名班主任工作室的主持人，她充分发挥工作室的辐射、引领、培养作用，尽己所能地为年轻教师、年轻班主任创设各种学习平台。同时，她关心和爱护学生，始终把家长、学生的利益放在首位。作为中层干部，在处理学校日常工作事务中，她总是率先垂范，要求他人做到的，自己必先做到。

"她有着一种开朗、向上的亲切感，会毫不吝啬地传授经验，不厌其烦地提供帮助，设身处地地解决困难，细致入微地照顾别人的感受，真正做到了学高为师，身正为范。"彭秋平如此评价聂燕老师。彭老师坦言，作为师父，聂老师曾给予他无私的指导和帮助。用彭老师的话说，作为师父的聂燕老师已数不清多少次帮助他修改论文、教学设计、参赛作品……每一次聂燕老师都不厌其烦地给他建议，甚至一丝不苟地帮他改正标点，发过去的文档，每次都及时回复、认真反馈。

聂燕老师的这种工作态度与责任担当，帮助、激励、鼓舞着无数同事们。

黄淑敏形容她是一位"充满激情和智慧的教师"，且始终坚守一个信念，带着一份执着，肩负一份责任，发挥着领头雁的作用，带领着聂燕名教师、名班主任工作室的成员一起成长。作为工作室的灵魂人物，她对工作倾注了极大的心力和热情，既注重理论建设——提炼出具有个性特色的学术主张，也注重制度建设——建立了针对培养目标的学习制度、研究制度、考核评价制度，更注重学科建设——在专业领域内，既重"术"更重"道"的研究，形成了专业发展研究的序列。

一花独放不是春，百花齐放春满园。作为语文学科教学的排头兵，名教师聂燕无论是对同事还是对学生，始终倾囊相授，毫无保留。而她温和的性格和以"温情"为主导的教育理念，影响着越来越多的学子和年轻教师。

目 录 | Contents

北燕南来

回首初登讲台时的不安与彷徨，仿佛是昨天之事。

初入杏坛时，我执教的是一批聋哑儿童，彼时指导我们教学的老师跟我们说："聋哑孩子一般都很聪明，但是性格普遍比较倔强，对待他们一定要尽可能温柔，要有耐心和爱心。"从此，温柔、耐心、爱心，这三个关键词便成了我教书育人的基本原则，无论是在湖南还是在广州南沙，都贯穿于教学始终。同时，我也以这三个关键词为核心，衍生出了后来的"温情教育"的理念。

近30年岁月倏忽而过，我从一个少不更事的新手，成长为今天颇受学生欢迎和喜爱的优秀班主任。当年的那段特教班岁月，令我受益良多。

如今，那段岁月虽已远去，但它在我生命中留下的刻痕，却愈发清晰凌厉。

恰如鲁迅先生所说的"教育根植于爱"，正是在爱与责任感的驱动下，我不忘初心，并一直前行至今。

第一节　湘江弄影思孩提

转眼间，我从湖南到广州南沙已有 18 年，家乡那刺激味蕾的辣，对于现在喝惯了珠江水的我来说，已有些难以适应。但孩提时的经年往事却始终萦绕在我的心头，一刻也不曾忘掉。如果有人问，是什么促使我后来成为一名教师，并在讲台上坚持了数十个寒暑？我会毫不犹豫地回答："是我的家风。"

我自小就在学校里长大，几乎一辈子都在校园里度过。在我的记忆里，"教师之家"这个称呼一直伴随着我们整个家族的成长和发展。我家五代亲属当中，就有 14 个在教育领域工作，是一个庞大的教师家族。

19 世纪末 20 世纪初，随着民主思想的勃兴，我的曾外祖父杨援沉从日本留学回国后回到湖南省衡山县贯塘乡的老家，在杨氏正本小学任教，先后担任教师和校长。听母亲讲，曾外祖父因为带头剪掉辫子，支持民主思想，被当地人戏称为"五和尚"。但是他毫不介意，全身心投入到教育教学中，用自己的学识和思想影响着一批又一批农民的孩子，让他们看到更远的世界。

我的爷爷聂福之出生在一个没落的商贾之家，他自幼聪慧好学，但是身体羸弱。他凭借优异的成绩考入了武汉大学，专攻英语教育，毕业后回到了自己的母校——湖南省岳云中学任教，一直勤勤恳恳、兢兢业业。但是天妒英才，爷爷在 40 岁那年因患病离开了人世，他为期 12 年的教育生涯也戛然而止。爷爷离世时，父亲刚好十岁。

父亲继承了爷爷的聪慧，也继承了爷爷的衣钵。他虽然只念了中学，还因为家里穷买不起书本，但是他的成绩一直名列前茅，而且兴趣广泛——二胡、笛子、游泳、书法、绘画、木工、裁缝、篮球、乒乓球、唱歌……无所不能。他在 18 岁时踏上讲台，成为一名"四方桌子都能坐"的"全科教师"。

他教过语文，写得一手娟秀的小楷；他教过数学，具有清晰的逻辑思维能力；他教过体育，在篮球场上被人戏称为"小老虎"；他教过音乐，二胡独奏《二泉映月》、笛子独奏《浏阳河》至今还萦绕在我的耳畔；他教过美术，家里的墙上挂满了他的人像素描画。他热爱工作，也热爱生活，课余时间经常畅游湘江、组团演奏、观看电影。每天清晨，他还会在校园一角练习几套太极拳，几十年从不间断。

父亲因为工作表现突出，被任命为教导主任。在担任教导主任的 22 年里，父亲任劳任怨，带领着老师们为城南完小的电教事业创造了前所未有的辉煌。在对学生的素质培养方面，父亲认为"全面发展"尤为重要，而"科学创造力"的培养则是重中之重。于是，父亲开始想尽一切办法来为学生创设优质的科学创新力培养环境。

从 20 世纪 70 年代开始，他任教自然（现在的科学）学科。他的课堂轻松幽默又意味隽永，孩子们总是能够在愉悦宽松的环境中学到知识。但是父亲并不满足，他认为应该学习先进国家和先进地区的电教手段来激发学生兴趣，提高学习效率。于是，他发挥自己的聪明才智，进行电教教具的设计和制作。我还记得家里一间小房子里堆满了木头、铁皮、锯子等，父亲一有空就钻进去"叮叮当当"地敲、"滋啦滋啦"地锯、"呼哧呼哧"地磨。过了一段时间，父亲搬出了他的成品，原来是一台自制幻灯机，一按开关，镜头的灯光就投射到了白墙上，映出耀眼的光圈。

可光有幻灯机没有幻灯片也还是不能在课堂上使用。于是，父亲又发挥他的绘画才能，开始自制幻灯片。他买来专用的水彩笔，根据课本要求一张一张地写写画画，再钉上边框，一张张绚丽多彩的幻灯片就"诞生"了。有了这些"新式武器"，学生学习自然的兴趣就更浓厚了。但父亲认为"一花独放不是春，百花齐放春满园"，于是他将自己的想法、做法、经验传授给学校的年轻老师，带领他们一起进行电化教学的专题研究。这一举措为湖南省的电化教育开了先河，得到了湖南省电化教育馆的高度评价和大力支持，为小学的电教事业提供了很好的范本。我想，这无疑就是教育信息化的前身吧。父亲 51 岁那年被任命为城南完小校长，直至 60 岁那年光荣退休。他一共在教育战线上奋战了 42 个春秋。

我的母亲杨克训是一位优秀的语文教师，从 17 岁进入教师行列至 55 岁光荣退休，她服从安排，曾经在贯底、沙泉、师古等地的 8 所学校任教过，教过语文，教过数学，当过辅导员、当过校长。不管在哪个岗位上，她都毫无怨言。直至 1978 年被调入县城，母亲才与父亲团聚。

我有两位兄长，大哥单名"凡"，二哥名为"红"，而我则名为"燕"。

小时，我曾打趣式地询问父亲，说我们兄妹三人，唯有大哥的名字听起来略显"洋气"一些，我跟二哥的名为何会如此"俗"？

当时父亲向我解释，说我们兄妹三人的名字里大有门道：大哥的"凡"即帆船；二哥的"红"即红日；我则是燕子。我们三人的名字连起来，就是：当红日缓缓升起的时候，从湘江之畔迎面驶来一艘帆船，船帆悬挂于桅杆之上，迎风轻轻地飘动，船的四周还有几只乌黑发亮的燕子，迎着江风自由自在地飞翔。这是一幅美丽的画卷，也是我们兄妹三人名字的由来，更是父亲向往自由的浓郁情怀。

父亲向往自由，自然也倡导自由。他对我们的教育，从不曾行峻言厉，而是以身作则，极具耐心地引导。他的温柔与和蔼，给了我们三兄妹快乐的童年，也为我们树立了为人处世的标杆。在后来的人生旅途中，无论是对待朋友、对待同事，还是对待学生，我一直都竭力以温情待人，也据此形成了一套独属于自己的教育理念。

毛主席曾眺望秋日的湘江，写下"鹰击长空，鱼翔浅底，万类霜天竞自由"的诗句。我始终忘不了，湘江之畔的清风与明月，始终忘不了，儿时父亲在耳旁的谆谆教导和耳提面命。

巧合的是，就在我正式踏上讲台成为教师的那一年，我的父亲也正式退休。

这从某种意义上来说，也是一种传承吧。

总而言之，我的家庭对我个人的成长以及职业道路的选择，影响巨大。

第二节　于无声处立初心

　　每个人的人生轨迹，似乎都是冥冥之中注定的。我从小就喜欢孩子，儿时在玩伴中，我总是那个稳坐宝座的"孩子王"。也许是天性使然，我在工作后总能轻而易举地融入孩子们的世界，不费气力地与他们共情。

　　我的教育生涯始于 20 岁那一年，彼时初出茅庐的我甫为人师，任教的第一个班是湖南省衡山县实验小学一个"静悄悄"的班级。那里没有琅琅的读书声，没有嘈杂的嬉戏打闹声，也听不见那种专属于孩子的天使般的笑声。安静的原因并非学生拘谨，而是这个班是县里投资创办的特教班级，招收的都是聋哑孩子以及有轻度智力障碍的孩子。

　　记得当年 6 月份我接到入职通知后，心里既兴奋又担心，兴奋的是工作终于有了着落，担心的是我没学过特殊教育，不知道该怎样带特教班，也不懂该如何与这些特殊孩子相处。这可以说是我教育生涯中碰到的第一个大问题。

　　所幸县教育局的工作比较扎实，他们以最快的速度安排我参加了在长沙湘江师范学院举办的为期两个月的"特殊教育培训"。在那两个月里，我们从特殊儿童心理学、教育学和手语学起，并进行了认真的训练。两个月的集训过后，我心里有了一点底气。

　　那段时光已过去很久，可我仍记得当时老师对我们说的一句话："聋哑孩子一般都很聪明，但是性格普遍比较倔强，对待他们一定要尽可能温柔，要有耐心和爱心。"

　　温柔、耐心、爱心，这几个词从此印入了我的脑海中。

　　开学后，我和另外一位老师一起开始了特教生涯。全班 16 人，都是来自全县各地的后天性聋哑孩子，他们因双耳失聪而失去语言能力，遇到不明白的事情或问题只会用自己无法控制的"啊啊"声求助。整个班级既无声又非常"闹腾"。他们在学校上课，在学校就餐，在学校住宿……也许天性使然，从看到他们的那一刻起，我就感到了肩上沉甸甸的责任——他们的一切，我都责无旁贷！

开学后，作为特教班班主任之一，我几乎一整天时间都和学生待在一起，除了教他们课本上的知识，从吃喝拉撒到洗澡睡觉都要手把手地指导他们。因为当时特教还是一个新生事物，没有多少经验可以借鉴，遇到问题唯有查书。记得当时那本《中国手语》被我天天带在身边。白天我和学生一起学习规范的手语，晚上就反复记忆、练习，让自己娴熟，以便和学生进行无障碍沟通。

每到星期六和星期日，其他班的老师可以享受周末，惬意休息，但作为特教班班主任的我们是不可以的，我们要轮流陪伴不回家的孩子。也许是因为年轻，也许是因为喜欢孩子，当时我一点也不觉得烦恼。我经常带他们到家里玩和吃饭，每次有朋友来找我时，我就带着几个学生一起玩；要去好友家里聚会，我也会带着几个孩子一起去参加。

大家都很有爱心，虽然孩子们都来自农村，且听不到、说不出，但是周围的人给了他们无数关爱和温暖，所以他们成长得很健康，也很迅速。

当然，工作的过程中我也遇到了很多无法解决的问题。我的父亲让我把困惑和感受记录下来，他说总会有得到解答的时候，我照做了。鉴于当时特殊教育的特性，衡阳市教育局给了我们班特别的关爱。在开班短短一年时间里，市教育局的领导到我们班调研考察了三次，还请杂志社的记者给我们班做了一次专访。我们的困惑也引起了教育局的高度重视，局里数次组织我们特教班教师去市区特教学校参观学习，还举办了多次专业培训。在不断的学习和探索中，我逐渐入门了。

在摸爬滚打中，我教完了第一年特教班。在写总结的同时，我把这一年的所学所感写成了一篇文章——《我爱这些孩子》，并在父亲的鼓励下，把它寄到了相关杂志社。想不到后来这篇文章竟然被发表在《湖南残疾人》杂志上，我记得当时还收到了70元稿费，令我振奋不已。

有了这个良好的开端，我在边学边教中又完成了三年的特教生涯。现在回想起来，这一段经历给了初为人师的我很深的触动，它让我明白一名教师最重要的素质是爱与责任，对待学生应该是柔和、温暖的。

我在这个无声班级里陪伴了那些孩子四年的时间，后来因为生源问题，县里的特教班无法再办下去，我的特教生涯也戛然而止。虽然我只教了那些学生短短几年，但是我们一直保持着联系。那几年的学习生涯给每个孩子打下了最基本的知识根基，也给他们留下了深刻的印象。他们在温暖的集体生活中学会了与人交流，这些变化和成长都是不知不觉的。

从此我坚信：温情的教育一定会促使老师和学生一起静悄悄地成长。

第三节　秋千往事萦思海

特教班解散后，我们几位教师很自然地转为普通班的老师。我接手了二年级的一个班，教语文，当班主任。上任之前，我从原班主任那里拿到了关于这个班的相关资料，也向她详细了解了班级情况。原班主任是一位刚毕业的新老师，所以一年级分班时一些优秀学生的家长用尽方法把孩子转去了他们所看好的班级，导致这个班级的优生率较低，成绩也是全年级最差的。

了解了这些情况后，我就暗暗下了决心，一定要把这个班的成绩赶上来。因为那时在我心里，成绩是衡量一个班级优劣最重要的标准。于是，我每天早出晚归，既改进教学方法又狠抓学生的学习态度，从基础知识到作文阅读丝毫不放松，还经常让学生在学校完成家庭作业后再回家。

在师生的共同努力下，我们班的语文成绩逐年进步，到四年级时，我们班语文期末平均分已经跃居年级第一了。表面上看，我当初的目标达到了，但现在回过头来想，我当时的意识已经出现了很大的问题。因为在我心里，我觉得自己更多的是一位语文老师，而不是班主任。直到五年级，在犯下了一个不可饶恕的大错之后我才幡然醒悟。

那是临近期末考试的一个冬日，天气异常寒冷，快节奏、重负担的期末复习无形中给学校增添了一抹浮躁的气氛。

为了放松，我们五年级四班有几个男孩子在课间十分钟还跑去沙池旁荡秋千。那是一种用厚重的金属特制的秋千，很结实，却也很笨重。上课铃响起后，他们几个回来了，个个满脸通红。我握着试卷不满地瞪着他们。

这时，小周指着小杨小声地说："老师，他被秋千撞到了脸。"我看了小杨一眼，发现他脸上除了运动后的红晕之外，并没有什么异样，于是便轻描淡写地问了一句："小杨，你没什么事吧？"小杨摇了摇头，一副欲言又止的样子。"都快期末考试了，抓紧时间复习，不要到处乱跑了。知道了吗？"我趁机教育了他们几个一番后就开始发试卷了，因为我觉得毕竟还是学习最重要。教室里很快恢复了平静，学生专心致志地写着，我也在讲台上快马加鞭地改着他们之前交的试卷。大概 10 分钟过去了，我习惯性地站起来检查学生的做题情况，却发现小杨趴在桌子上，看起来一副萎靡不振的样子。我赶忙走过去拍了拍他的肩膀，只见他极不情愿地稍稍抬起了头。我一看，简直吓蒙了——刚才还好好的脸现在却肿得像个包子，连眼睛都快睁不开了。

我只觉得头"嗡"的一声，顿时一片空白，心脏也怦怦地狂跳不止。我在心里质问自己：怎么会这样？我该怎么办？会不会有什么严重后果？……无数个问号缠绕着我，简直让我透不过气来。手足无措的我脑子里如一团乱麻，担心、害怕笼罩着我。我只好让他赶紧收拾书包回家找爸爸妈妈。下课后，心有余悸的我忐忑不安地去找学校领导汇报情况。还没等我开口，校长就说："聂燕啊，你怎么这么疏忽？家长把孩子送到我们学校，我们作为班主任就应该关心他们的一切，这个'一切'不仅仅指学习成绩，更多的是他们的身体、行为、品德……家长已经打电话跟我说了这件事情，我代表学校向他们表达了歉意。现在你立刻跟我一起去医院看望小杨。"

校长简短的话语像一记重锤敲打在我的心上，我泪流满面，为自己的冷漠无知，也为自己给学校带来的麻烦而愧疚不已。

一连好几天，我都沉默在深刻的反思中，但这件不太光彩的事情却真正唤醒了我对"班主任"这个称谓的透彻认识——一个优秀的班主任，应该是导师，能带领孩子们在知识的海洋里遨游；应该是朋友，能在孩子失落时倾听他们的心声；更应该是父母，能在他们受到伤害的时候给予最贴心的关怀……这件事也让我更深刻理解了"温情教育"的内涵——老师要温柔，且不仅仅停留在表面的态度上，更多的应该是内心的温暖和柔情。从此，我时刻提醒自己，我首先是班主任，然后才是学科老师，学生的身心健康比学习成绩更重要。

　　从那时起，我的学生观、人才观静悄悄地发生了变化。我最为关注的不再是成绩，而是一个孩子是否能感受到老师对他的关爱和集体的温暖，是否自信。

　　自从那件秋千事件之后，我对班级的管理方式和做法也随之改变。秋千事件可以说影响了我的整个教育生涯。

　　……

　　2003 年，我们全家被调到了广州南沙小学。那一年，我 32 岁。

第四节　南渡羊城关山阻

　　带着好奇与欣喜，带着骄傲与祝福，2003年9月1日，我坐上了南下的列车，从湖南来到了广州南沙中心小学。它偌大的校园、先进的设备让我眼前一亮，但顽皮的学生、难懂的语言也让我伤透了脑筋。

　　到校的第二天，我精心设计了种种问候语，怀着激动的心情去和学生见面……可当我来到教室门口，映入眼帘的却是几十个"小脏鬼"，他们身上的校服脏兮兮的，头发被汗水浸透，紧紧地贴在额头上……

　　此番种种，令爱美的我一脸失望。我强装笑颜向大家做了一番自我介绍，但言语中已不能掩饰内心的勉强，更没有了想象中的激情："同学们，你们暑假过得好吗？"孩子们你望望我，我望望你，竟没有一个举起手来。我有些沮丧了，不禁暗暗思念起家乡那些大方漂亮、口若悬河的小天使……

　　在此之后的日子里，我努力地去适应孩子们，并绞尽脑汁地去发现他们的亮点。但是，当我看到从湖南寄来的一份份节日的祝福，当我接到原来的学生打来的一个个充满思念的电话；再看看办公桌上几乎每一本都有错别字的学生作业，还有那几乎天天都写着七八个欠作业名单的登记本时，我还是渐渐失去了耐性，更失去了爱心。

　　从此，我开始对学生实行最严厉的管教——每次面对学生，我都收敛起笑容；学生只要在课堂上有任何风吹草动，我都大声训斥。

　　一个星期后，我的教育似乎"初见成效"——纪律好了，欠作业的少了，可同学们见了我就像老鼠见到猫似的。我仍然无法高兴起来，因为曾经的那位"最有爱心、最具温情的教师"已慢慢离我远去了。目睹自己的岁月在无奈与彷徨中凋零，在冷漠与矛盾中流逝，我静下心来，开始思考，开始寻找。

　　终于，变化发生了……

那是在一次卫生大扫除即将结束的时候，一个女生突然指着天花板上的几把风扇向我报告："老师，那里还没有清扫呢！""哦！"看着那几把高高在上的风扇，我顿时有些束手无策。"老师，我们几个来擦吧。"我循声一看，自告奋勇的竟是那几个"经常捣蛋的调皮鬼"。我半信半疑地点点头。只见他们自觉地分成两个小组，手脚麻利地码好桌椅、拆洗风扇，只用了不到 20 分钟就将四把风扇清洗得一干二净。"啊，真是太棒了！"我不禁向他们投去了赞许的目光。看着他们有些羞红而喜悦的脸，我的心里也异常甜蜜。

啊！这是一种充满爱的甜蜜。我曾经无数次地感受过的那种甜蜜，如今，它终于归来了！我激动不已，孩子们更是喜形于色。此时，我仿佛听见横亘在师生之间的那堵"心墙"轰然倒塌，而一座至情至爱的友谊之桥正将我们拉得越来越近。

从此，我小心地保存着这份爱，也毫不吝啬地挥洒着这份情——因为爱，我变得充实而幸福；因为爱，孩子们变得快乐而活泼……

"祝你生日快乐，祝你生日快乐……"楼下响起了一群少年的歌声。那是 2006 年 12 月 4 日，也是我生日的前一天。

打开家门，我看到的竟是曾经让我"伤透脑筋"、现在已经在念中学的几十个学生，我的心中陡然涌起一股暖流。

我们用了整整一个下午都没能诉说完师生间的情谊，最后用一张照片记录下了这山海般的师生情怀。现在，这张照片分别珍藏在我与孩子们的相册里，更珍藏在我们的心中。

我相信，这份归来的爱必将伴随我走完一生，永远不再失去。想想从湖南到广东，如今已 18 年了，因为我一直从事大循环教学，所以刚好带了 2.5 个轮回。近 15 年我带的两个班都是南沙区优秀班集体，学生素质发展全面、积极向上。

我想，这是作为一个班主任，最感到欣喜愉悦的事情。

第二章

春风化雨

记得一次在教师培训班里，教授打出了一张幻灯片，上面呈现的是"最受学生欢迎"的八种班主任类型。和其他老师一样，我也目不转睛地看着、找着，希望当中能有自己的影子——风趣幽默型、教学有方型、麻辣热情型、亦师亦友型、温文尔雅型、全包保姆型、潇洒时尚型、知识渊博型。从那时开始，我更加坚定地将"温文尔雅型"锁定为我班主任之路的终极目标。

在岗位上耕耘的这一万多个日子里，我几乎天天都在与孩子们亲密接触。这其中，有艰辛，有无奈，但更多的是欣慰与收获。回顾这些年来的班主任工作，我感受最深、受益最多的就是"让宽容和等待成为习惯，做一个温文尔雅的班主任"。就像世界上没有两片完全相同的树叶一样，世界上也没有两个完全相同的孩子，每个孩子各有特点。我始终认为，作为一名合格的班主任，一定要对学生一视同仁，要发自内心地尊重他们。

回想起来，我们每天面对最多的第一是学生，第二是同事，第三是家长。要想在教学工作中获得幸福感，创设一个温情的人际交往圈是必不可少的。对于此，我的做法主要就是八个字：服务意识，换位思考。

第一节　服务意识育佳苗

　　2018 年 6 月 13 日，蚌埠市怀远县一位教师因为在课堂上批评了一个学生，结果在回家路上被这位学生的爸爸和祖父拦截，双方发生争执，教师被殴打倒地致头部受伤。从这样的案例中我们不难看出，现在的老师越来越难当，稍有不慎就可能"腹背受敌"。的确，家长的素质参差不齐，我们怎样才能处理好与他们的关系呢？

　　我的回答就是——服务意识。我一直把家长当作我们服务的对象。在"家校合作"过程中，我认为家长的角色是随时变换的——有时是学生，有时是朋友，有时是助手。

　　有人说，教师表面上是在教一个班级，其实是在教两个班级，一个是学生组成的儿童班，另一个就是家长组成的成年班。因为在成为家长之前，他们没有经历过"上岗培训"，对孩子的教育那真是"摸着石头过河"，毫无经验可言。所以，作为教师，我们从接手一个班级的第一天起就必须承担起对家长的教育工作，尤其在几个关键时间段——刚接手时、班级出现明显问题时、班级发展的瓶颈期等。

　　每次接手一个新的班级或者在开学之初，我都会利用各种形式向家长们传递一个理念，那就是我们老师和家长的目标是完全一致的，都是为了把孩子教育好，我们是牢不可分的"同盟军"。我告诉家长们，作为教师，我们会竭尽全力做好分内的事情，对所有孩子一视同仁，也恳请家长能协助教师，在家里做好孩子的督促和帮助工作，只有教师、家长和学生三方面都努力，班级的发展才能更加健康和快速。

　　因为教师的出发点是为了孩子，所以家长很容易接受这种"家校联盟"的理念。在得到家长们的认同之后，我还会在每学期之初将孩子本学期在德、智、体、美、劳等方面需要注意和配合的事项告知家长们；家长们可以提出疑问或建议，最后经过讨论达成一致，这样给整个学期的家校合作也创设了一个既宽松又有效的氛围。

我始终认为，如果一个家长真正想教育好孩子，就必须先调整好亲子关系，因为亲子关系是教育好孩子的前提。然而，一个班级里的家长来自各行各业，素质、性格都各不相同，教育方法更是五花八门。作为老师，我们应该及时教给家长们有效的沟通方法。比如在二年级上学期，我们班有不少家长反映在和孩子沟通时经常出现不顺畅甚至争吵的情况。针对这一问题，我在经过调查、访问之后为全班家长开设了一节"亲子沟通，从'说'开始"的家长课堂，通过具体事例分析、心理剖析、说话技巧等环节教给家长和孩子沟通的方法。家长纷纷表示受益匪浅。班级的亲子关系在得到老师的指点之后有了明显的改进。以下是几位家长在上完这节课之后的一些感想体会——

A家长：听完这节课，我有很多感想和体会，脑海里不断浮现出自己做人儿女和做人父母时的一些沟通方式，发现自己有很多不足。以后我一定要保持专注的态度听女儿把事情说完，之后再分析教育孩子，让女儿觉得我们是好朋友，可以分享她心里的想法。我经常和朋友们聊天，听到他们抱怨孩子不愿和父母说话，嫌他们烦，说什么"不想说""说了你们也不懂"，于是沟通越来越少，父母根本不知道孩子在想什么。这些父母其实应该检讨一下以前和孩子谈话是不是否定了孩子的感受或没听完孩子的话就下了主观定论，或者没有用心地倾听。我回想我自己，也经常是一边做自己的事情，一边跟孩子说话。有时看球赛、看手机入了迷，女儿叫好几声"爸爸"都没听到。我以后一定要改正。因为如果没有及时听孩子倾诉心声和委屈，不及时纠正她的内心想法，会导致孩子身心的不健康发展。

B家长：听了这节课，我联想到了自己。我平时在倾听方面做得非常不好，因为上班很忙，压力也很大，老公又长期出差在外，下班回到家要做一堆家务，孩子和我说话的时候我就漫不经心，一副敷衍的态度。我仔细查找了自己不善于倾听的原因有几点：工作和生活太累，让自己没有心思听儿子说话；觉得儿子还小，不懂事；认为儿子有时候是在为自己狡辩，不愿意听；自己内心浮躁，不够自信；总认为自己是对的，常常以教训的口吻对儿子说话。我以后一定要改进，要非常注意和儿子的交流，注意倾听，要用心去体会儿子的感受。我相信到那时我一定会觉得和孩子聊天真的是一件幸福的事情。

虽然家长都有一颗望子成龙、望女成凤的心，但是在实际生活中却经常不得其法，所以我们作为老师，要经常和他们一起探讨、交流亲子沟通的方法，这样才能使教育更加高效。

第二节　将心比心促合作

我们总说，老师是学生的管理者和教育者。家长们尊敬老师，老师们也应该将心比心地体谅家长，这样，往往会收到意想不到的效果。作为合格的班主任，我们首先要对家长这个团体有正确的认识。虽然家长们的性格、素质、背景各不相同，但是对孩子的爱是相同的。那么，如何把家长对孩子的爱有效地转化为我们教育学生的助力呢？

换位思考，不失为一计良策。

相信很多班主任每天都"日理万机"，不是这个家长拜托老师叮嘱孩子喝水，就是那个家长劳烦老师督促孩子穿衣。面对这些生活琐事上的要求，很多老师都认为是家长的溺爱和小题大做，虽然照做了却心存不满，甚至认为家长把自己当成了保姆。

其实这种想法是偏颇的。一方面，父母爱子女是人之常情，要是把孩子留在学校却不闻不问那才是怪事。我们也为人父母，只要换位思考便很好理解。另一方面，作为老师，我们都知道家庭教育的重要性，与家长的沟通联系也是教育过程中的关键性环节。恰恰是这些日常生活中的小事情，往往最能够让家长感受到老师对家长的平等对待、对学生的一视同仁。

在我们班，家长向我寻求帮助的事情也不少见，小到帮忙提醒孩子喝水，大到咨询如何教育孩子。每一次有家长请我帮忙时，只要是我能做到的，我都热情答应，不管是优秀学生的家长，还是后进学生的家长。我想利用这个机会向家长传递一种信息，那就是在老师的心目中，每一位家长都是老师的朋友，每一位学生都是老师的宝贝。

一来二往，老师和家长的联系增多了、关系密切了，无形中大大提高了家长对老师的信任和喜爱。同样，家长对老师的要求也会尽全力配合，从而达到"双赢"的局面，最终受益的将会是学生。

同时，每次家长会也是做好工作的好机会。一次成功的家长会，不仅能促进班主任与家长很好地沟通，而且家校合力将对老师日常的教育教学工作起到"四两拨千斤"的作用。家长会的重要性不言而喻。作为专业的班主任，我们要想家长所想、急家长所急，在每一个阶段实实在在地为他们指明家庭教育的方向。

我担任班主任已近 30 年，基本从事大循环教学。根据孩子的年龄及发育特点，每一学期我都会精心设计家长会，为家长们答疑解惑，为他们指明阶段教育的重点和方向，比如：

一年级家长会上，我除了了解家长对孩子的期望之外，主要指导家长要重视孩子的思想教育、爱心培养，要注意培养孩子的自理能力和良好习惯，不仅要督促孩子做好作业，还要督促孩子做好家务和按时作息；

二年级家长会上，我便着重给家长分别提出了学习上和生活上的具体要求，诸如检查作业并签名、督促孩子阅读和背诵、每天进行体育锻炼等等，让家长全力配合；

三年级是一个转折期，根据这个特点，我在家长会上建议家长要全面关心孩子，使孩子德智体美劳全面发展，还帮助家长们了解孩子的年龄特点，根据特点采取合适的教育方法，并且从生活和学习细节方面给家长提出了具体的做法要求；

四年级家长会上，我会向家长阐述这个年龄阶段孩子的特点，提醒家长这个时期是孩子学习能力和情绪控制能力培养的关键时期，要注重真心投入和沟通的方式方法等。

就是这样，从一年级开始，家长们就在我的引导和帮助下，将小学阶段对孩子的期望目标化解成一个个年段小目标，并配合学校教育做到有的放矢，逐步将孩子培养成全面发展的合格小公民。正如苏联教育家苏霍姆林斯基说的："最完美的社会教育是学校和家庭的结合。"

作为班主任，如何将家校合作的效力发挥到极致是我们永远的课题。

第三节　笑颜轻语递温情

　　除了家长，和我们老师每天朝夕相处的就是班级中的孩子们，营造温情的师生关系也是非常重要的。就像《学记》中说的："亲其师，信其道。"如果学生觉得老师喜欢他，他就会产生巨大的能量。那怎样才能让孩子感受到我们老师的爱呢？

　　我觉得有两种最有效的方法：一是微笑，二是聊天。

　　微笑是爱的外衣，老师遇见学生时对他微笑，学生会觉得老师喜欢他，有助于促进师生感情。有老师说，有的学生很可恶，见到他就烦，笑不出来。的确如此，老师也有自己的喜好，不想勉为其难，但是教育需要技巧，老师和学生应该要智斗而不是战斗。

　　就像武打巨星李连杰回答记者的提问："（我）最厉害的武功是微笑，最强大的力量是爱。"这也同样适用于我们。让学生感受爱的第二种方法是聊天，就是每天利用空余时间找一位学生聊天，就单纯地瞎聊，饶有趣味地瞎聊，在聊天的过程中不忘记抓住时机表扬一下学生。

　　这种朋友式的聊天能让孩子感受到老师对他的关爱，老师也能从中更深入地了解学生，一举两得，何乐而不为呢？我们都要记住一句话："微笑不用成本，但能创造财富；赞赏不用花钱，但能产生力量。"所以我在和学生相处的时候总是尽可能面带微笑、多多表扬。

　　另外，我和学生交流时遵循的宗旨是"平等、尊重、关爱"，坚决不出现语言暴力。跟每一个学生对话，我都用温和的态度，恰当的措辞。对待犯了错误的学生，我只会提高语气，声色俱厉地进行批评。有同事问我说你很少对学生发脾气，学生为什么还那么听你的话呢？那是因为我虽然态度很温和，但是要求很严格。每一件事我都会引导学生做到最好，否则就要重来。所以从一年级开始，我们班学生的作业、手抄报等等都是全年级公认最好的。

　　我一直认为，人心都是肉长的，当学生感受到老师对他们的关爱时，他们是不忍心惹老师生气的。所以凡是学生需要帮助时，我一定是想方设法去帮助他们。记得有一次下暴雨，有四个坐校车的孩子因为被困在体育馆而没搭上校车，无法回家，而他们的家长有的还没下班，有的出差在外。无奈之下，他们找到了我，我便自己开车把他们一个一个送回了家。虽然这并不是一件什么大事，但是多年以后，那几位同学还记忆犹新，觉得老师对他们太好了，一直心存感激。

　　我也把孩子当成自己的亲人和朋友，比如每次外出学习，我都会带一些地方特色物品送给学生，去北京就带蜜麻花、去杭州就带牛皮糖、去北大就带北大风光明信片等。我用这样的方式既是为了营造温情的班级氛围，更是为了告诉孩子们如何与朋友交往。

第四节　师心不改候花开

温情，很多时候都反映在一个老师的耐心上。

一般人会认为，只要走进孩子的天地，一定会感受到色彩的斑斓与生命的活力。可是，我发现并不是每个孩子都快乐。在班级中，总有一部分性格内向的孩子，他们常用羡慕的眼神望着那些大胆表现的同学，自己却总是躲在角落里孤芳自赏。怎么样才能使他们走出来呢？

为此，我做了许多尝试。比如，在课堂上，我经常设计一些简单有趣的大众化游戏，有意让他们参与。刚开始，他们有些忸怩害羞。我绝不嘲笑，更不放弃，而是一次又一次，不厌其烦地带领同学们表扬和鼓励他们，让他们在自我展示中尝到甜头，从而激发他们的信心。

我们班有位同学叫浩锋，可以算得上是全班说话声音最小、说话数量最少的男孩了。他在课堂上很安静，偶尔也会举手答问，但几乎没人能听见。就算课堂上的四人小组讨论，他也经常像一个局外人一样只是观望。而下课后，他总是自己在座位上看书、写作业，很少与同学交流。

他虽然很乖，但我觉得他这么胆小，对他今后的成长不利。于是，我找他谈话、跟家长沟通，然而收效甚微。怎么办呢？我有些心浮气躁了。下班后，我心事重重地回到家，像以往迷茫的时候一样，搬出了几本《班主任之友》，细细翻阅起来……

很快，这样几个字映入了我的眼帘——学会等待。等待，就意味着老师得用发展的眼光看待学生，也意味着得用从容的心态对待自己所做的工作，不急于求成，不心浮气躁，不指望一次讲解、一次活动、一次谈话，就能收到立竿见影的效果。

我静下心来思考。很快，我察觉到自己太急于求成了，这样的焦急或许只会适得其反。从那以后，我决定不再把浩锋的胆小挂在嘴边，只是把它放在心里。于是，我安排最活泼开朗的孩子和他同桌，并私下交代几个大胆的孩子常去和他交谈。

　　有一次在语文课上展开讨论时，我习惯性地看看浩锋，只见他正抿着嘴笑，一定是同桌的大方风趣感染了他。我便不失时机地走过去夸他笑起来很可爱，再引导他勇敢地说出自己的感觉和看法。而每次在教室外面遇见他，我都对他微笑。有点手足无措的他就会羞涩地叫一声"老师好"。即便是他的这点滴变化，还是让我看到了希望。

　　慢慢地，在老师和同桌的引导下，他胆子大了，笑容多了。在一次口语交际课上，浩锋破天荒地代表小组上台讲故事。虽然他的声音还是很小，表情也不够自然，但是我和全班同学仍然毫不犹豫地把"故事大王"的奖状颁给了他。他虽然没有喜形于色，但是他那一整天的微笑表情告诉我们，他更有自信了！除此之外，我还有意安排大家轮流当班长、当口令员。这既让每个孩子都参与到班级管理中来，又使每个像浩锋一样胆小的孩子都有接受锻炼的机会。

　　我一直记得著名教育家朱永新教授说过："我们培养一个人，就是培养他的自信；我们摧毁一个人，也就是摧毁他的自信。"所以我想，孩子们还小，可塑性很强，将他们培养成敢于展示自我的人一定会使他们受益终生的，我们绝不能让任何一个孩子成为被老师遗忘的角落，永远要给予他们充分的耐心，等待他们的成长。

第五节　以柔克刚化坚石

在每个班级中，常常都会有一两个成绩不好又调皮捣蛋的孩子，我们美其名曰"双料待优生"。要转变这种"硬骨头"式的人物，我觉得不妨用"以柔克刚"之法，这也是"温情教育"的一部分。

记得几年前，我曾经教过一个学生，名叫刘佳星。他是从上一个年级降级到我们班的，是一个公认的令人头疼的男孩。他不爱学习，不讲卫生，不讲文明，可以说是优点找不到，缺点一箩筐。

听说这些情况后，我心里涌起隐隐的紧张和烦躁。但是很快，我便对自己说："别人的话姑且听之，不要太早下定论，著名教育家孙云晓不是说过吗——淘气的男孩是好的，淘气的女孩是巧的。说不定这个刘佳星还真是一颗会发光的星星呢。"

于是，我提前到他家里家访，以求全方位地了解他。原来，自他一生下来，他的父母就去外地打工，极少回家，他完全是由 70 多岁的奶奶抚养大的。奶奶因为精力有限，管不住他，只好任他"自由发展"，所以养成了他顽劣的品性，但也同时造就了他独立的性格，小小年纪就能自己照顾自己了。

在了解到这些信息后，我若有所思地离开了。开学第一天，我没有按常理给刘佳星来一个下马威，只是很隆重地将他介绍给大家，并把他的优点大肆表扬，让全班同学向他学习。而对于他以往的陋习，我只字未提。他的个子不高，我便安排他坐在离我最近的座位上，这样才有利于我时时观察和提醒他。

第一个星期，我时时处处用心观察他，看他的一举一动，听他的一字一句。与此同时，他也在观察试探我这位老师。也许他发现，我对他很宽容，也并没有把他当差生看待，于是慢慢活泼起来，偶尔还会和我聊天。他告诉我，在他看来，每个老师和同学都不喜欢他，因此他便经常找别人的碴，让大家都不得安宁。我知道了这些情况后，一边安慰开导他，一边想方设法树立他的自信心。

我发现他动手能力很强，而且对人热情，于是，我多次对他委以劳动方面的重任，还在班上大力表扬他，发动学生向他学习能干的长处。偶尔，他也会因按捺不住而"故伎重演"，我选择的方法不是当众狠狠地批评他，而是在课后把他叫到身边，问明他的想法，然后再对症下药地给他做思想工作。因为我知道，表面一副"无所谓"表情的他其实内心更需要大家的尊重，他刚刚建立起来的自尊就像一层薄薄的蝉翼一样，稍不留心就会受到伤害。我与众不同的"温文尔雅"似乎也感染了暴躁的他，他的语言、他的动作都在悄悄发生着改变，变得更柔和、更文明了。

在学习方面，我对他也毫不放松，不管是上课还是课余，他都是我的第一关注对象。每天放学后，我一定要看着他把作业完成好才让他回家。日复一日，在我的用心浇灌下，这朵迟开的花儿也终于吐露芬芳。一年以后，刘佳星的行为习惯有了很大的改观，成绩由以前的不及格上升到了80多分，同学们看他的眼神逐渐改变了，他对自己的信心一天比一天强。看他回归到了正常的成长轨道上来，我感受到一种久违的轻松，也更加坚定了我的学生观，那就是"教育孩子的前提是了解孩子，了解孩子的前提是尊重孩子"。

这就是我与孩子之间的故事，也许大家觉得似曾相识，那是因为这种故事几乎每天都在我们身边上演。班主任之路是一条艰辛而坎坷的小道，其间布满坑坑洼洼，却也不乏靓丽的风景。既然我们选择了它，就边走边看，去感知它的丰富多彩，回味它的酸甜苦辣。虽然我已经有了多年的班主任经历，但仍然觉得班主任工作没有固定的方法可循，只有"发自内心的热爱"是唯一的秘诀，"因材施教"是不变的真理，"学习学习再学习"是永恒的需要。用温情去营造和谐的教学氛围，用智慧去撬动热爱学生的车轮，如此，才能带着他们在时代的天空中自由翱翔。

第三章

扬鞭启航

身为一名语文老师，我在语文学科教育的道路上已探索了不短的岁月。

光阴荏苒，今日的我已不再是当年那个初出茅庐的新人。如果浅谈语文教学的经验，我觉得尤为重要的一点，就是不宜将知识"强塞"给学生。在学科教育里，我的"温情"体现在因材施教、因课择法，体现在"以学生为中心"。

我认为，在讲台上，教师终究要调动一切元素，用尽所有方法，让学生更好地摄取到书本中的知识。一节好的语文课堂，首先是能让学生接受并喜欢。

要做到这一点，充足的课前准备、新颖的课堂模式、高效的训练方式和多样的教学方法都是必不可少的。

同时，如何引导学生养成良好的课外阅读习惯，帮助学生释放其不俗的想象力，也是语文教学成败的关键。

第一节　关注"四要"，
上学生喜欢的课

《学记》中说："亲其师，信其道；尊其师，奉其教；敬其师，效其行。"良好的师生关系能使学生拥有良好的情绪去面对学习，学生因为喜欢一位老师而喜欢她教的学科，从而努力学好这门学科的例子不胜枚举。我的理念是，让学生喜欢我的人，进而喜欢我的课，从而促使教学成果事半功倍。如何做到这一点呢？

在多年的教育摸索中，我总结出了"四要"。

一、课前功夫要下足

"工欲善其事，必先利其器。"要想真正上好课，就必须在课前下足功夫。在我眼里，广义的课前准备，可以分为以下几个层次。

（一）入职之前熟读课标

课程标准是国家对学生接受一定教育阶段之后的结果所做的具体描述，是国家教育质量在特定阶段应达到的具体指标。我认为，语文学科教师必须将课程标准熟记于心，只有这样，才能从全局的角度来思考和设计教学。对语文而言，我不管任教哪个年级，都会事先了解语文课标：首先是整个小学阶段学生的语文能力要达到什么水平；其次是所任教的这个学段学生的语文能力要达到什么水平；最后是学生之前已经达到了什么水平，还有哪些是需要加强的。

我对自己任教学段的各项具体要求更是认真把握。我认为唯有如此，学科教学才能做到有的放矢。

（二）开学之前了解课本

每学期开学之前，我都会对课本进行一个全方位的了解。如果没有书，我也会在网上找电子课本和教学用书来进行阅读。在阅读过程中，我绝不是草草了事，而是给自己定下标准：熟读整本教材，建立一个整体意识；参照教学用书，了解知识点和训练点；了解单元导语，明晰每个单元提出的教学要点；研究课后思考题和各个栏目的要求，因为它们体现了知识点或语文能力训练的要求。

准备得越充分，心里就会越踏实，对课堂的把控才会越游刃有余。

（三）上课之前细致备课

作为教师，我们在上每一节课之前都会进行细致的备课。在我看来，备课所要解决的主要问题是"教什么、怎样教"，备课时需紧抓住这两个重点，研读文本、研究学生，选择合适的方法进行教学，做好充分准备，让学生上每一节课时都能在"听、说、读、写"等方面学有所获。

（四）作业之前精心选题

教师每天都要给学生布置作业，作业是检验学生学习情况的一个重要指标。我认为，作业不在多，而在精。最好的作业是根据学生的弱项来进行分层设计，尤其要做到在布置作业之前自己先看一看、想一想、做一做，挑选出适合学生做的题目来。而对于本班学生的某些知识漏洞，一定不能听之任之，而要设计或寻找一些类似的题目给学生进行专项练习，以弥补这些知识漏洞。比如，在发现学生对于转述句不够熟练时，我会设计相关练习进行多次训练，直到引导学生明晰为止。另外，对于学生的作业，除一些试卷、作文等类型需要几天时间批改之外，其他作业我会竭力做到"当天批改当天讲评"。对于待优生的作业我特别重视，通常，我会面批他们的作业，一边批改一边将学生不懂的地方再次进行讲解和辅导。我认为，这样才能让学生拥有更强的行动力，也能及时发现他们的知识漏洞并进行补救。

（五）讲评之前分析学情

通常，教师在批改完作业之后还有一件必做的事情就是给学生讲评，让学生改错。一份作业如果只让学生做，教师不批改、不讲评，那一定是白费力气。所以我力争做到学生做多少作业，我讲评多少作业，让学生做一题就有一题的收获。

根据我这些年的经验，讲评作业分很多种，效果参差不齐。最差的讲评方法就是对着答案改错，这种方法基本上是徒劳无功的；中等的讲评方法是老师一题一题讲下去，学生一题一题改下去，这种方法耗时长，容易让师生困乏，但是会有一定的效果；最好的讲评方法是在讲评之前做好情况分析，再进行有针对性的讲评和练习。比如，针对错误最多的题型，我不仅和学生一起探讨正确做法，而且在订正之后补充几道同类型题目进行巩固。

我认为，站在学生的角度，设身处地地为他们考虑，我们的教学才会事半功倍。

二、课上环节要到位

小学的一节课只有 40 分钟，我会设法有效地利用这 40 分钟，和学生一起享受这 40 分钟。所以，我会在上课前做好教学的各项准备工作，包括所用的直观教具、课件和活动安排等，同时弄清楚本节课讲授的主要内容和重要结论，保持精力充沛、教态亲切和语言生动，也尽可能多地和学生互动。

一节课一般由这几个环节组成：组织教学、导入新课、讲授新课、课堂小结、学生练习。组织教学一般在 30 秒内完成，我一直觉得，不能把它看成师生简单问好，教师要等所有学生都站好才可让他们坐下。复习提问、导入新课的时间一般控制在 3 分钟左右，我会尽力设计富有创意的新课导入，因为这样才可以很快吸引学生的注意力，激发学生学习新课的兴趣。讲授新课是课堂教学的主要内容，时间一般控制在 28 分钟以内。我的目标是努力做到目标明确、内容清楚、方法恰当、手段多样、过程合理。在讲完新课之后，一定留出 10 分钟左右的时间让学生动笔练习和反馈展示。对于课堂规则、对于学生的作业等等，我一直有明确的要求，并且提出要求就一定要学生做到，做不到就要重来。

总之，我力求在课堂上做到"课堂有标、眼里有人、课里有料、脸上有情、前后有序、反应有智"，时刻将培养学生能力这个目标放在心中。

比如，我们的语文课堂教学就是为了培养学生听、说、读、写的能力，所以每一个教学环节都要具备这个功能，而且尽量让每一个学生都能得到锻炼和提高的机会。

三、课后检验要补缺

众所周知，教学质量是一个学校的生命线，所以教学质量检测是重中之重。各类测试能帮助我们客观地了解学生的学习情况。要想学科质量过硬，教师还是要"抓两头，带中间"，尤其不能忽视对待优生的关注。都说短板决定整体水平，而每个班的待优生就是全班学业质量的短板，必须特别重视。我对待优生的关注主要体现在课堂和课后——在课堂上我尽量观察他们的听课情况、作业情况，多给他们锻炼的机会，培养他们的自信心和学习兴趣；课后是我对他们进行查漏补缺的最佳时机。这个课后不仅仅指放学之后的时间，而是包括一切可以利用的碎片时间。

早上在早读开始之前我就会来到教室，一边巡视学生的到校情况，一边检查待优生的家庭作业，如果发现问题就及时讲解改错；当把全部学生作业批改完了之后，再抽时间（可以是课间、午托前、放学后等）当面讲解订正。对于每天的课堂作业，我更不松懈。第一，保证人人完成。如果在课堂上完不成，放学后也一定要完成才能回家，不能让学生养成欠交作业的习惯。小学阶段的待优生很多都是因为懒而造成的，所以一定不能允许有人不交作业。第二，保证人人改错。在批改完作业之后抽时间进行讲评订正，改完错再进行二次批改或检查。在平时的教学中，我认为只要每天抓好学生的课堂作业、家庭作业，教学质量一定不会太差。另外，当发现有部分学生对于某个知识点存在理解不到位的时候，我就会进行有针对性的课后辅导。比如，班级有几个学生对于陈述句改反问句总是出错，我就设计一些有针对性、有梯度的习题，利用课后时间为他们讲解，一一过关之后再回家。

总而言之，查漏补缺就是一个不断发现问题、解决问题的过程。

四、课外助教要争取

苏霍姆林斯基说过："最完美的社会教育是学校教育和家庭教育的结合。"在我看来，一个班级是否优秀，主要取决于三方面的因素：教师的能力、学生的配合、家长的支持。在小学阶段，家长的支持分量显得更加重要。所以教师一定要想方设法争取家长的大力配合。怎样做才能让家长跟教师站在同一战线，使他们成为学科教学的得力助手呢？我觉得应该从以下几个方面努力。

（一）为人师表，让家长信服

一位值得学生信任的教师要不断完善自我，成为一个让家长喜欢和信赖的人。一份来自权威机构的研究报告归纳了"好老师"的12个特征，这些也恰恰符合家长们的看法。这12个特征如下：备课充分；态度积极乐观；对学生期望值高；富有创造力；公平对待每一个学生；平易近人，与学生关系良好；热爱教育事业；富有同理心，关心学生；有幽默感；尊重学生；心胸宽广；勇于承认错误。

虽然我做不到那么完美，但是我依然把这些当成努力的方向，在平时的工作和生活中严于律己，使自己能更加贴切地诠释"为人师表"这四个字，成为让学生喜欢、家长信服的好老师。

（二）坦诚相待，请家长配合

家长们来自各行各业，其教育方式也各不相同。"存在即是合理"，作为老师，我不会随随便便去评论任何一个家长的是与非，我能做的就是在人格上尊重每一个家长，在教育上争取每一个家长。

我认为，要把自己的教育观念、对学生的期望告知家长，让他们感受到老师跟他们的愿望和目标是完全一致的，即把孩子培养成全面发展和持续发展的人，争取他们的认同，以便大家朝共同的目标努力。

在平时，我也利用各种形式与家长联系，把应该让家长知道的事情告知他们。哪些事情是应该让家长知道的呢？我认为主要有以下四件：班主任和其他科任老师对学生有怎样的期望；老师对学生期望的达成方式；学生在学校的表现；家长对学校教育所能提供的协助。

这几件事我会明确地告知家长，我坚信，家长只要相信这些做法能帮助孩子健康成长，一定会乐意支持我的教学。这会使得我的教学效率大大提高。

（三）和谐共处，教家长方法

争取到了家长的配合，可以说是成功了一半，但是另一半还需要教师付出努力，那就是教给家长们具体的配合方法，明确告诉家长该做什么、该怎样做。比如让家长配合每天检查作业并签名，像我任教的班级，我会直接告诉家长主要检查字迹是否工整、是否全部完成，至于对错，我们老师会进行批改和订正。这样清晰的指引，家长们操作起来会更加简便易行。

当我让家长配合我的工作时，我也会设身处地为他们考虑，教给他们具体的方法，让他们操作起来更快捷。另外，对于配合特别好的家长，我还会及时表达自己的欣赏和感谢，以此来强化这些好的做法。

总而言之，让学生喜欢我，让学生喜欢我的课，这两项目标伴随我的整个职业生涯。我坚定地认为，只要做一个教育的有心人，一定会成为让学生喜欢的老师，一定能上出让学生喜欢的课，也一定会引领学生走向更加美好的明天。

第二节 教师领导力，让合作学习更高效

近年来，"合作学习"成为一个在教育界被不断提起的话题。

合作学习是 20 世纪 70 年代初兴起于美国，并在 70 年代中期至 80 年代中期取得实质性进展的一种富有创意和实效的教学理论与策略。它是指学生在小组或团队中为了完成共同的目标与任务，有明确的责任分工的互助性学习。

据我的经验而言，合作学习一般由以下要素构成：积极的相互支持和配合；在完成共同任务中积极承担个人责任；所有学生进行有效的沟通，小组成员之间互相信任；对于个人完成的任务进行小组加工，以及对共同活动成效进行评估等。

合作学习是在承认课堂教学为基本教学组织形式的前提下，教师以学生学习小组为重要的教学组织手段，通过指导小组成员展开合作，发挥群体的积极功能，提高个体的学习动力和能力，达到完成特定的教学任务的目的；是以教学目标为导向，以异质小组为基本组成形式，以教学各动态因素的互动合作为动力资源，以团体成绩为奖励依据的一种教学活动和策略体系。

人民教育出版社出版的《西方方法论与现代中国语文教育改革》一书中提到，合作学习的内涵主要包括以下五个方面：生生互动是核心；情知发展是目标；教师指导是关键；小组活动是载体；尊重差异是原则。

合作学习被誉为"近十几年来最重要和最成功的教学改革"。在实际教学中我发现，尽管合作学习是一种有效的教学方法，可思想认识上的不到位和理论上的欠缺，常常导致我们在具体操作时出现一些问题，主要表现在以下几个方面：合作学习流于形式、学生参与度不均衡、教师着眼问题却淡化过程。由此可见，合作学习效率的高低主要在于教师是否能进行有效的引导和调控。

针对这些问题，在近几年的语文教学中，我进行了一些尝试，根据需要来变换自身的角色，对学生进行引导，从而达到调控课堂的目的。我认为，"教师指导"（即教师领导力）在合作学习中起着至关重要的作用。

一、教师指引，合理分组

合作学习成功与否，分组是关键。因此每一次的分组我都不会大意，也不会让学生自由组合。我在给班级学生分组时遵循的是"类间异质，组间同质"的原则，即根据性别、个性、能力、学习水平、意志品质以及家庭背景等将4—5名学生分在一个合作小组内。这样便于小组内学生之间相互学习、互相帮助，充分发挥小组内学生的互补作用；便于各小组之间在同一起跑线上进行公平竞争。进行分组之后，挑选组长也是重中之重。我把选组长的权利"下放"给组员，同时会告诉他们，具备哪些素质的人才能胜任组长一职。在这样导向鲜明的情况下，经过自荐和投票选出来的组长往往是众望所归的。

选出组长之后，进行组长的"上岗"培训便提上了"议事日程"。我召集全部组长开会，在会议上，我手把手教组长在分组学习时该如何有效开展分工、讨论。在此基础上，我和组长们一起制定了"小组长职责"和"记录员职责"。小组长主要负责带领组员围绕主题开展讨论和得出结论，记录员主要负责将大家的意见和结论记录下来以备展示。在清楚了各自职责之后的第一次分组学习，我会对每一小组的开展情况特别关注，发现不够科学的就立即进行指导和改正，让开展得有效的小组进行全程展示，并对每一小组的活动开展情况进行有针对性的点评，为以后的小组学习打好基础。

二、教师"促进"，推动课堂

我认为，教师在课堂教学中的"促进"作用主要体现在两个方面：一是对学生合作学习意识的激发，二是对课堂教学内容方面的促进。

受传统教学模式、思维以及学习方式的影响，学生的合作意识比较薄弱。针对这一现象，教师在刚引入合作学习时，必须注重激发学生的合作学习动机以及培养他们的合作意识，逐渐改变学生以往的学习习惯，使他们愿意合作、乐于合作。比如，在分组之后的几节课内，我对能够积极进行小组合作学习的学生给予大力表扬甚至奖励，以调动他们的积极性。

而通过教师的引导强化教学内容的深度和广度的做法更是屡见不鲜。比如，在教学四年级上册《乡下人家》一课时，我首先朗读了第一自然段，然后指导学生用小标题的形式归纳出主要内容，并根据学生的回答进行板书。在此基础上，我引导学生试着自由朗读第二自然段，并独立用小标题的形式归纳主要内容，发现部分学生归纳得不是特别准确。我发现仅仅靠教师讲解可能效果不太好。但是对于这一年段的语文教学来说，"归纳主要内容"是一个非常重要的知识点，不掌握是不行的。于是，我想到了发挥小组学习的作用，设计了一个表格，让学习小组组长带领组员进行交流学习。组员们一起讨论、填表的过程，其实就是在用自己的语言交流"归纳主要内容"的方法。学生记录小组的讨论结果，我则巡查各组情况，进行及时评价和指正。在随后的小组意见反馈中，我挑选出最具代表性的进行展示，发现学生思维碰撞的"火花"就及时总结，让学生进一步了解在归纳主要内容时应该注意哪些方面。

在教学四年级下册《鱼游到了纸上》课后小练笔时，我同样采用了小组合作学习的方式。《鱼游到了纸上》课后小练笔的要求是："我好像看到了围观人议论的情景，我想把它写下来。"我首先让学生思考："围观的会有哪些人？"同学们七嘴八舌地说出了自己从插图上看到的和自己想到的不同类型的围观者。

接着，我继续引导："他们会议论些什么？"有好几个学生举手回答，但是内容无非是"你画得真好！""你真了不起！"等等苍白无力的赞美之词。为了让学生能将语言描写得更加生动，我出示了一段《画家与牧童》一文中围观者赞美画面的文字让学生朗读，然后分小组表演"议论"这一环节。

有了提示，学生的思路打开了，学习小组中的每一个人都绘声绘色地表演着"赞画"。我又提醒大家注意表情和动作。接着,各组代表汇报了自己想象的情境,并且互相补充评价。为了让学生能将人物对话描写得更加富有文采,我又引导大家观察提示语的位置并在组内交流。在这样的基础上,学生写出来的小练笔基本达到了较好的水平。经过这样一步一步的引导,学生对于人物对话的描写也有了透彻的了解,比较圆满地完成了教学任务。

三、教师指导,实践课外

陶行知说过:"处处是创造之地,天天是学习之时,人人是创造之人。"教育教学活动与生活是分不开的。语文更是源于生活,用于生活。语文教学的终极目标也是让学生将所学知识吸收、同化、转化、迁移到学习和工作中去。本着这样的宗旨,我一直在语文教学中贯穿"语文生活化,生活语文化"的理念,时时不忘指导学生利用小组合作来进行语文实践。

五年级第一学期时,我接受了带队去参加演读比赛的任务。在设计好内容以及流程之后,我从班上挑选好表演者,将他们分为四个小组进行背诵比赛并互相督促以加快记忆的速度。我自己也参与其中,用声情并茂的表演来指导学生朗读,最终获得了南沙区一等奖。在每天充满韵味的诵读声中,学生感悟到了语文的魅力。在这不可多得的语言实践活动中,学生领略到了合作的力量。

六年级下册的最后一个单元是综合性学习——难忘小学生活。因为师生们在一起共同学习生活了六年时间,所以大家都想将过去的点点滴滴记录下来留作纪念,决定共同制作一本班级纪念册。作为老师的我觉得这个想法很好,于是指导学生干部着手开展分工。但是,我并不是像一个局外人一样袖手旁观,而是经常询问编辑书本的进度。从为书取名、征集稿件、拍摄照片到汇总资料、电子排版,我都耐心地指导学生一件一件认真做好,让学生认识到语文在生活中是多么重要,也让学生懂得了真正的合作就是每个人都参与其中,每个人都应该是主人。终于,在6月份,我们的班级纪念册《龙翔山海》新鲜出炉了。当手捧这本书的时候,每个人都知道那是师生学习和运用语文的实践成果，也是团队合作创造奇迹的绝佳证明。

　　团结协作是现代社会公民应具备的基本素质之一，构建和谐社会需要具有较高的科学文化素质以及较强的合作意识、创新意识和实践能力的建设者。因此，我们现代教育必须培养具备合作能力的人才。在合作学习中，教师应该起到"规范行为、发现火花、排除障碍、引导深化"的作用，要适时充当"管理者""促进者""咨询者""顾问"和"参与者"，使合作学习真正走向高效。

第三节　找准语言训练点，走好习作第一步

《义务教育语文课程标准》（2022 版）的前言中明确提出："语文课程致力于全体学生核心素养的形成与发展，为学生学好其他课程打下基础；为学生形成正确的世界观、人生观、价值观，形成良好个性和健全人格打下基础；为培养学生求真创新的精神、实践能力和合作交流能力，促进德智体美劳全面发展及学生的终身发展打下基础。"可见，"培养学生的语言文字运用能力"既是语文教学的关键任务，也是语文教学的主要手段。

于是我开始思考，语文教师如何把语文工具更好地传给学生，让他们运用自如呢？经过实践检验，我认为在低年段就要结合文本，找准语言训练点，引导学生走好习作的第一步。

一、穿插说话训练，培养语言习惯

虽说低年段语文学习的重点是识字、写字，但是培养语言表达的习惯是不容忽视的。俗话说"习惯成自然"，说话也是如此，语言表达的好习惯一旦养成，对于今后的习作会有极大的帮助。因此，在低年段我们要特别注意引导学生"规范语言"。在教学生字时，我们也应该进行语言的训练。比如，在教学二年级上册《太空生活趣事多》中的生字"飘"时，除了进行字音、字形、字义的教学外，我还让学生自由组词。有一位学生组了"飘扬"一词，我便引导学生用"飘扬"进行说话。有学生说："红旗在飘扬。"我又引导说："怎样的红旗在哪儿飘扬？"有学生补充："大大的红旗在学校飘扬。"我再次引导学生将"大大的"换成更加贴切优美的词语。有学生说"鲜艳的"，有学生说"美丽的"，我表扬他们用词更加准确优美了。我再引导学生思考："红旗是在学校哪个地方飘扬？"学生醒悟过来，

说是在"学校的上空"。我表扬大家这样说才清晰明白，最后，让学生把表达准确、优美的句子"鲜艳的红旗在学校上空飘扬"齐读一遍，形成语感。在每一节课教学生字的环节，我基本上都会选择一个字对学生进行类似的说话训练。长此以往，很多学生逐步养成了良好的口头表达习惯，为今后的习作打下了坚实的语言基础。

二、抓住关键词句，学会迁移运用

要让学生更稳健地走上写作的道路，我们应该遵循学生的年龄特点，遵循语言的发展规律。不管在哪个领域，走向成功的第一步几乎都是"模仿"，说话写话也不例外。在我们的教科书里，有很多难得的好例子，它们既是学生"仿写"的好样板，也是老师教学的好帮手。

比如，二年级下册《葡萄沟》中有一个描写葡萄的句子："到了秋季，葡萄一大串一大串地挂在绿叶底下，有红的、白的、紫的、暗红的、淡绿的，五光十色，美丽极了。"我首先利用图片帮助学生理解"五光十色"，然后引导学生思考还有哪些东西是五光十色的，并练习用"五光十色"说话。在学生理解领悟、感情朗读的基础上，我设计了一个仿写练习——从以下两句中任选一句进行仿写：

到了春天，花儿一大丛一大丛地开在草地上，有_____的、_____的、_____的、_____的、粉蓝的，_____，漂亮极了。

到了夜晚，彩灯都亮起来了，有_____的、_____的、_____的、_____的、_____的，_____，耀眼极了。

因为有了前面的铺垫，学生很轻松地就完成了这次写句子，而且对这种句式以及描写方法记忆深刻。在后来的写话中，有不少学生都能自然而然地用上这种句式，使自己的文段增色不少。

三、找准训练重点，理清表达条理

低年段的孩子一般在写话时没有先后顺序的概念，往往是想到什么便写什么，所以写出的东西比较凌乱。如何引导学生说话、写话更有条理呢？这就需要教师在平时的阅读教学中有目的、有意识地加强这方面的指导。我们可以充分挖掘教材，找准此类训练点，加进一些表示时间先后顺序的关联词语，指导学生有顺序地表达一个过程。例如，在教学一年级下册《称象》时，我发现有一段话是描写曹冲如何称象的，条理性非常强。于是，我引导学生用"首先……接着……然后……最后……"这类关联词语来进行表达，既让学生对称象的顺序了解得更清晰，又让学生逐步养成有条理地进行表达的习惯。

除了挖掘具有时间顺序感的训练点之外，也不能放过具有空间顺序感的训练点。比如，在教学二年级下册《雷雨》时，我抓住文章最后一段的文字，结合图画引导学生发现空间描写的顺序是从天到地，也就是从上到下的。在此基础上，我设计了一个写话练习——根据出示的图片，按一定的空间顺序描述出图中景物。因为有了课文片段的提示，学生基本能顺理成章地按顺序描写了。

四、展开合理想象，提高表达能力

语文课程标准强调低年段阅读要能"展开想象，获得初步的情感体验"，在口语训练中我们也可以遵循这个原则，适当展开想象，增添说话的素材，以此来提高学生的口头表达能力。比如，在教学一年级下册《荷叶圆圆》时，我就设计了几个环节来激发学生的想象力和表达能力。在课文学习进入尾声时，我在大屏幕上打出了课前收集的荷池图，图画里有荷叶以及它的小伙伴们。在此基础上，我引导学生抓住本课的重点句式——"XX说，荷叶是我的＿＿＿"来进行表达。在这些富有童趣的图片引导下，学生的想象力大放异彩。在师生合作下，我们班还编出了自己的"荷叶圆圆"：

荷叶圆圆的，绿绿的，大大的。

小蚂蚁说："荷叶是我的运动场。"小蚂蚁在荷叶上高兴地跑来跑去。

小蝴蝶说："荷叶是我的舞台。"小蝴蝶停在荷叶上，张开美丽的翅膀。

小虾子说："荷叶是我的蹦蹦床。"小虾子笑嘻嘻地跳上荷叶，兴奋地蹦来蹦去。

　　小朋友说："荷叶是我的小脸盆。"小朋友在荷叶上装水珠，玩得可开心啦。

　　看着学生用最大的热情在背诵自己的原创作品，我仿佛看见他们走在一条通往成功的路上。我想，只要我们老师做一个有心人，立足文本，利用文本，在阅读教学中找准语言训练点，引导学生落实语言训练，学生迈出的习作第一步一定会是坚实有力的。

第四节　熟练五大技巧，文山更上一层

语文世界是绚丽多彩的，但其中也充满了艰辛无奈。当找准了语言训练点走好了习作第一步之后，下一步就需要引导学生，写出更加精准、优美且寓意丰富的文章。在此，我总结了五大技巧，分别如下。

一、从课文特点来学习谋篇构段

语文教材的编排可谓是别具匠心，教材中的每一篇文章的写作特点其实就是这个单元作文训练点的导向，都是绝佳的作文范文，所以，在教学每一篇课文前都应该仔细研究一下这篇课文有哪些方面最能让学生在本单元作文中学习和运用到的，从而在教学中进行渗透和训练。

比如，人教版四年级下册的第一单元，选入了《古诗词三首》《桂林山水》《记金华的双龙洞》《七月的天山》四篇课文。这四篇课文都是景物描写的经典之作，各具特色——《桂林山水》以总分总的文章结构，大量运用排比、比喻、对比等手法来描述桂林山和水的特点；《记金华的双龙洞》开门见山，按游览的先后顺序，用朴实却又准确的语言展示双龙洞的神奇；《七月的天山》用移步换景的方法、优美的语言文字展示了天山景物的三个不同方面。而这一单元的习作内容是写校园的景、物、事，从课文编排上不难看出，本单元的训练重点就是"观察景物并细致描写景物"，那么我们在教学课文时就要有针对性地进行这一方面的引导和训练，教学《桂林山水》时就引导学生用排比、比喻来描写景物；教学《记金华的双龙洞》时引导学生学会用开门见山的手法，按游览顺序来写景；教学《七月的天山》时，学习用移步换景的方法叙述，并学习如何将句子写优美等等。这样潜移默化、慢慢积累，培养学生留心观察、细致描写的习惯。

所以，我在教学每个单元之前，都会细细研读每篇课文，再确定每篇课文的写作特点，在教学时对学生进行有针对性的讲解和训练，让学生学到谋篇构段的写作手法。

二、用片段练习来提高描写能力

学生在习作时最为重要的也最为困难的就是如何写具体。针对这个问题，我采用了片段练习的方法来训练学生。

以人教版四年级下册第五单元为例，本单元收录了《两个铁球同时着地》《全神贯注》《鱼游到了纸上》《父亲的菜园》这四篇课文，而这一单元的作文训练内容是"写一个我敬佩的人"。那么在教学中，我们就可以读写结合，从不同角度让学生进行写人方面的训练：教学《两个铁球同时着地》时感悟文章通过环境或侧面描写来烘托人物的方法，进行"侧面描写"的小练笔；教学《全神贯注》时感悟通过人物言行等描写表现人物品质的方法，进行"描写人物语言、动作"的片段练习；教学《鱼游到了纸上》时体会人物描写的细致入微，感悟对聋哑青年的外貌、神态、动作的传神刻画，再引导学生观察一个身边的人，进行"外貌、神态和动作描写"的片段练习。这样，有了这些片段练习的积累，到教学"语文园地"的习作时，学生就已经具备了基本的描写基础，写起来就会得心应手。

我认为，如果能在每次教学中都选取一个合适的训练点读写结合来进行训练，长此以往，学生的描写能力一定会逐步提升的。

三、以身边资源来丰富写作题材

要写好作文，细心观察是必不可少的。这也要求我们老师必须做一个有心人，在身边有合适的题材时不要让它白白溜走。有一个学期初，我们班有很多同学感冒请假，所以我们班采取了很多防御措施，比如：大热天要戴口罩、教室每天都要进行消毒、全班都搬去较远的场室隔离，等等。当时虽然情况紧急，作为班主任的我有大量的琐碎事情需要处理，但是，我仍旧没有忘记语文老师这个角色，反而觉得这些经历是可遇不可求的。所以，我就抓住这些身边难得一遇的题材，指导学生天天写日记。学生兴致很高，写出了不少生动有趣的文章。所以，我们语文老师在平时要培养自己开发课程资源的能力和习惯，为指导习作多积累素材。

四、带学生"下水"一试"文海"深浅

我一直觉得教师写下水文是一举两得的好事，它既能让我们更切实际地指导学生，又能给学生提供更具说服力的范文。

学生对作文的畏惧心理是不言而喻的，他们不知道该先写什么、再写什么、后写什么，如何开头、如何结尾以及重点要写清楚哪些内容等。我们如果不去仔细体会，恐怕也是心中无数。可老师如果能亲自动手、亲身体验一下写作过程，那么，指导学生写作时，就能做到得心应手，有的放矢。

范文的确到处都有，但是真正接近学生生活的范文却少之又少，而我们老师写下水文恰好可以弥补这个缺陷。记得在一次作文课上，为了培养学生的观察能力，我和学生一起观察一位同学自己培育的豆苗。我指导学生对豆苗的茎、叶根的形状、颜色、大小、动态、静态等特征进行仔细观察，然后写一篇观察作文。我和学生同一个观察对象，同一个作文题目，同时进行观察，同时开始写作，然后一起讲评，找出各自值得学习的地方。这样既给学生提供了最具说服力的范文，又大大激发了学生的写作兴趣，不失为一种教学作文的好办法。

五、用提出疑惑来引导作文修改

很多负责任的老师在教学作文时都会非常认真地修改学生的草稿，然后再让学生将改好的作文誊抄到作文本上去。我也一直是这样做的，但是又感觉这样做老师太辛苦，而且往往学生对于别人帮他修改的部分印象并不深刻。怎样解决这个问题呢？在阅读相关文章的时候，有一位老师的方法给了我启发：他在修改作文时从不直接帮学生补写词语或句子，只是在感到有问题或不具体的地方写出自己的疑惑。我茅塞顿开，开始借鉴他的做法，感觉受益匪浅。比如，有一位学生写了这样一句话："我发觉脚下有

一个东西，捡起来一看，是一个漂亮的钱包。"为了引导他写具体，我就在这句话旁边写上："是一个怎样的漂亮钱包呢？写出它的样子来。"学生在引导下就修改了这一句："我发觉脚下有一个东西，捡起来一看，是一个漂亮的钱包，粉红色的底板上绣着一只五彩的蝴蝶，展开双翅翩翩欲飞。"虽然只是加了一句，但是显得具体生动多了。所以我觉得引导学生根据问题从多角度去观察描写比帮他修改会更有效一些。

虽然我探寻到了几条作文教学的有效捷径，但是回到现实来还是感觉作文教学确实太不容易，是一项长期而艰苦的工作，今后还要不懈努力。我想，只要生命不息，就总会有磅礴的乐章奏响；只要方向不错，总有一天会到达成功的彼岸。

第五节　让画笔为语文教学添彩

在第一章中，我曾提到我的父亲擅长绘画，其实在我的成长和教学生涯中，画笔也从未离开过我。在我的语文教学中，它一直默默地充当我的左膀右臂，和我一道带领学生在多彩的语文世界里畅游。

一、画笔，激起你学习语文的兴趣

虽说刚刚入学的儿童有很强的求知欲，但若是不好好把握，他们的学习兴趣不但不会增长，相反还可能随着任务的加重而消失殆尽。认识到这一点，我就特别注意培养学生学习语文的兴趣。在上课时，我几乎节节课都恰如其分地画上几笔。例如，学 j、q、x 和 ü 相拼的规则时，我把 ü 画成一个戴"眼镜"的娃娃，把 j、q、x 变成三个小淘气。当他们在一起时，j、q、x 就淘气地把 ü 的眼镜取掉；当他们要告别时，j、q、x 便有礼貌地把眼镜还给 ü。这样一来，学生兴趣浓厚，而且很容易就掌握了和 ü 相拼的规则。在学汉字时，我更是将画笔运用得得心应手。记得在教一年级时，很多学生分不清"进"和"近"。我便灵机一动，在黑板上画了一口枯井，然后将"进"和"近"二字画成人形，前一个走到井里，后一个只走到井边。然后我告诉大家，那个带"井"字的"进"表示到达了里面，就像到了井里；而带"斤"字的"近"还在外面，只是相隔不远了。通过这种方法，学生对"进"和"近"终于能区分开了。

就这样，我教拼音时画，教汉字时画，教课文时也画。每次我在黑板上画画时，孩子们总是睁着好奇而又渴望的眼睛出神地望着，因为，他们已经被我的画笔带入了一个美妙的语文世界。

二、画笔，帮助你理解课文的内容

刚入学的儿童理解能力有限，如何将呆板的文字和高深的课文内容变成他们易于接受的知识呢？我思索良久，还是请画笔来帮忙。例如，在教李白的《古朗月行》时，学生对于生字已经掌握，可由于对诗人的想法和诗的内容不理解，从而造成了背诵的困难。于是，我又挥动了画笔，将"白玉盘""瑶台镜"画在黑板上，边讲解边给它们加上了翅膀，让它们在孩子们的想象中飘飘悠悠地飞上了天空的云端。就是这样几笔，将"静"的图变成了"动"的画面，在孩子眼中，似乎演了一部动画片。于是，他们一边画，一边背："小时不识月，呼作白玉盘。又疑瑶台镜，飞在青云端。"这样，不仅让学生更好地理解了课文内容，而且让他们更加感受到了祖国语言文字的美。

爱模仿是每个孩子的天性，爱涂鸦更是所有孩子的共性。在我这样一位爱用画笔的老师的影响下，我班几乎人人都爱画、会画。学过《秋天》这一课后，同学们都纷纷将自己眼中的秋天表现在雪白的画纸上。当我手捧一幅幅生动有趣、风格迥异的"秋天图"时，心中不禁涌起一阵阵欣慰。因为，孩子们的画告诉我，他们不仅学懂了教科书的《秋天》，还创作出了一个个更加迷人的秋天。

三、画笔，帮助你学会创造

现在的社会是飞速发展的社会，更需要创造型人才。我们在实践中发现，画笔就能帮助孩子们学会创造。首先，画画的过程本身就是一个创造的过程。其次，我在用画笔时和讲课时尤其注意培养学生的想象力和创新思维。我常利用空余时间在黑板上画一些随意的线条，让学生展开想象的翅膀，去赋予它们鲜活的生命力。因此，现在在我的班上，无论我画一种什么图形，孩子们都能在仔细观察后，加上自己的想象，说出一句句让我吃惊的话语。有一次，教了《兰兰过桥》后，我留给学生一道作业题：画一画、写一写你心中的桥。第二天，我收上学生的画一看，惊喜万分，在孩子们心中，有电脑控制的具有自动识别功能的"智能桥"；有长了翅膀的"飞行桥"，还有连接太空的"彩虹桥"，等等，真是让我大开眼界。从这一张张富有创造力的图画中，我仿佛已经看到了一个个具有创新精神的

"明日之星"。这其中难道没有那神奇画笔的功劳吗？

四、画笔，引出你心中的千言万语

在语文学习中，最难的要数习作了。如何让学生走好习作学习的第一步，一直是我百思不得其解的问题。我抱着试一试的态度，再次拿起了画笔。先从简单的开始，我画下"｜"，让学生说说它是什么。一下子，教室里像炸开了锅，大家你一言我一语地说了起来。在他们眼里，硬邦邦的小棒变成了教鞭、直尺、树木、筷子、彩笔等等。学生绘声绘色，我听得津津有味。从那以后，我经常让学生回去画画，画完后说给家里人听，还可以把话写在画的空白处。因为学生爱画，所以他们画得很开心，甚至还有一些学生已经开始编连环画了。我想，我已经让学生打开了话匣，这学习习作的第一步也跨出来了。终于到了检验的时候。一年级第一学期的一次口语交际课后，我让学生回家画画、写写"找春天"。第二天，学生将作业交到我手中。只见一幅幅童趣盎然的图画边，学生写道："春姑娘飞来了，她带着小燕子回家了，桃花、梨花见了她，都张开了笑脸。""从田边跳出一只小青蛙，他伸伸懒腰，呱呱地叫着：'我起床了'。""河里的冰雪化了，小松鼠跑过去照镜子，看自己冬天里胖了没有……"看着这一句句真实而富有童趣的话，我在心中默默地说："神奇的画笔，谢谢你，是你为我的语文教学画上了绚丽的色彩！"

如果说，教好学生是我一生不变的追求，那么，神奇的画笔将是我一辈子离不开的工具，我将带着它描绘出一幅幅更加光彩夺目的语文画卷！

第六节　让音乐为语文推波助澜

在新课标精神的指引下，跨学科综合学习和现代技术的应用是当代教育的一个趋势。"文"与"艺"的内在联系启示我们：在语文教学中巧妙地运用音乐这种艺术形式，能有效地使学生在愉悦中领悟情感，在享受中提高素养，从而达到开阔视野、增强美感、激发创造的作用。

新课标中强调："应拓宽语文学习和运用的领域，注重跨学科的学习和现代科技手段的应用，使学生在不同内容和方法的相互交叉、渗透和整合中开阔视野，提高学习效率，初步获得现代社会所需要的语文实践能力。"因此，我认为，作为语文老师的我们应在正确把握语文学科特点的基础上，以一种开放的姿态吸收、融合其他各学科中的有利因素，并巧妙运用，从而提高语文教学的有效性。

众所周知，音乐与语文属同一源流，都是心的艺术。而我自小也堪称"音乐发烧友"。因此，自从我踏上教坛的第一天起，"音乐"就成了我语文课堂上的"常客"，它总能恰到好处地"推波助澜"，掀起一个个语文教学的"小高潮"。

一、在音乐声中走进唯美课堂

音乐像文学一样，蕴含着丰富的"语言"，而且它往往比语言来得更直接、更贴切、更深入，因而更易使学生激起与课文相似的想象和联想，以至于心驰神往。新课开始时，先播放一段与教材内容密切联系的乐曲或歌曲，可以使学生在优美、动听的乐声中身临其境，在不知不觉中将注意力转移到新课所描述的情境中来，从而营造出一种"未成曲调先有情"的氛围。

比如，在教学人教版小学语文二年级的课文《找春天》时，我根据这篇课文活泼灵动、充满童趣的特点选择了《春天在哪里》这首童谣。上课铃声还未响起，我便播放音乐。欢快的乐曲声立刻吸引了孩子们的注意力，也有效地调动了他们的学习积极性。在这种兴味盎然的气氛中，我们开始了《找春天》的课文学习。在教学《秋天的雨》时，我仔细研读了课文，精心挑选了著名钢琴家理查德·克莱德曼的《秋日私语》，并配合音乐制作了呈现秋天美景的 PPT。在悠扬动情的钢琴声中，一幅幅唯美的画面令人陶醉，对于秋天的向往和喜爱之情也自然而然地在孩子们心中涌动，他们在不知不觉中很快进入到课文所描述的意境中。另外，我在教学《第一场雪》时，配合播放班得瑞的《初雪》，在教学《乡下人家》时播放《清晨》……这样利用合适的音乐导入新课，往往能够使孩子们的注意力快速集中到课堂上来，从而获得语言描述难以企及的效果。

二、在音乐声中述说灵动画面

对于文章的理解，既需要直接诵读记忆，更需要联想和想象，因为文学艺术只有在想象的头脑中才会日趋完美。而音乐就能恰到好处地让学生未见其形，先闻其声，先进其境，给孩子们的心灵插上想象的翅膀。

于是，我试着引导孩子们进行"音乐作文"的训练。比如，在教学六年级课文《月光曲》时，我根据本单元的教学目标"感悟艺术，学会表达"设计了在教完课文之后指导学生进行"听音乐写想象画面"的环节。在备课时，我想：学生虽说已经接受了几年的音乐教育，但是毕竟还是十一二岁的孩子，对于音乐的感悟力还不是特别强，对于这种片段描写还缺乏经验，选择一首怎样的曲子既能引起他们的兴趣又让他们有话可写呢？为了挑选一首合适的曲子，我反复倾听、琢磨，最后挑选了班得瑞的《自然之声雨林深处》，因为这首曲子节奏明快，旋律优美，将水的颤动、雨的飘淋、鸟儿的鸣唱融为一体，展现了热带雨林的热闹，是一首能让人"一见钟情"的轻音乐。

在教完《月光曲》之后，我播放了这首曲子，让孩子们闭上眼睛用心聆听和想象，然后将自己想象到的画面写下来。他们听得很专注，写得很顺畅，文笔也比以往更加优美："几声鸟鸣清晰地响起，随后是轻快的鼓点，我仿佛看见初升的太阳冲破了云雾，喷薄而出……""乐声越来越强，我仿佛来到了热带雨林，看见晶莹剔透、悄然滑落的露珠，看见五颜六色的奇花异木，看见各种各样的鸟儿竞相飞腾……""在徐徐的微风中，一群身着绚丽衣裙的孩子踏着鼓点向我奔来。他们边歌边舞，脸上的笑容像天边的朝阳一样灿烂……""我躺在草地上，呼吸着清新的空气，鸟儿们忽飞忽落，和我亲热地做着游戏……""随着鼓声的远去，热情的黑人们频频向我挥手，他们的缤纷服饰像彩霞一样越飘越远，越飘越远……""抚摸着参天古木，听着声声鸟鸣，我的心跳跃起来，浑身的疲惫一扫而光……"

看着孩子们飞扬的文字，我眼前也浮现出一幅幅灵动的画面，更为找到了一条激发学生想象力的途径而欢悦。

三、在音乐声中抒发心灵感触

为了帮助学生更加透彻地理解文章的情感和主题，在讲读课文时引入音乐来促进也是行之有效的好方法。

《示儿》是南宋陆游的一首流传至今的诗歌，他在古诗中除了抒发强烈的爱国之情以外，还表达了对南宋政权不思收复中原的不满，对故土老百姓身为亡国奴、处在水深火热中的担忧和同情，以及对自己"壮志未酬"的遗憾……这么复杂的情感对于生活在现代的学生无疑是难以理解的。于是，在引导学生感受诗人因临终前不见"九州同"而悲伤的基础上，我相机出示了北宋疆域图。与此同时，我精选的二胡独奏曲《金枝欲孽》乐声响起。在如泣如诉的背景音乐的渲染中，我满含激情地讲述了"金国占领了北宋的都城汴京，赵构逃到南方向金人屈膝求和，只顾自己寻欢作乐、不顾百姓死活"的那段屈辱的历史。优美感伤的曲调直达每一个人的内心，从孩子们义愤填膺的表情和满含泪水的双眼中，我再一次感受到了音乐的力量。

在教学毛泽东的《长征》一文时，我首先引导学生根据资料理解大意。但是因为那个年代距离学生比较遥远，他们虽然知道红军战士勇敢、乐观，但是对中国工农红军战胜种种艰难险阻，完成二万五千里长征的革命英雄主义和乐观主义精神理解不透、感受不深。为了帮助学生更深入地体会，我播放了歌曲《红军不怕远征难》，在气势磅礴的乐声中，学生的情绪被激发，诗与乐融为一体，在学生心中引起了强烈的共鸣。

四、在音乐声中点燃心中激情

赞科夫说："要使学生在课堂上过着一种积极的甚至是沸腾的精神生活。"而音乐，正是能催化这种"积极的，甚至是沸腾的精神生活"的媒介之一。

配乐朗读是每一位语文老师最常用的教学手段之一，在一首合适的乐曲背景下朗读，确实能有效地点燃学生的激情，提高其对语言文字的感受力。人教版五年级下册中有一篇小小说《桥》，作者用 600 多个字满怀深情地讲述了"一位普通的老共产党员面对狂奔而来的洪水，以自己的威信和沉稳、高风亮节、果决的指挥，将村民们送上跨越死亡的生命桥，用自己的血肉之躯筑起了一座不朽桥梁"的感人事迹。为了让学生能身临其境地感受暴雨的肆虐、人们的恐惧、老支书的沉稳和结局的震撼，我精心剪辑了一组乐曲作为朗读的背景音乐。根据情节和时间，分别运用了"雷声""雨声""女声吟唱"和"提琴"四部分。在这样情节性特别强的音乐声中，学生动情地讲述着那个感人至深的故事。随着音乐的变换，孩子们的朗读时而高亢，时而低沉，时而激越，时而平缓……将对文本的理解淋漓尽致地展现于朗读之中。

"合适的才是最好的。"所以，我们在进行配乐朗读时，一定要注意乐曲的意境、格调和旋律，要与课文内容相协调。比如，朗读《酸的和甜的》可选用《晨光》；朗读《乡下人家》可选用《春水》；朗读《斗笠》可选用《我等候你》；朗读《纸船——寄母亲》可选用《思乡曲》；朗读《慈母情深》可选用《眼泪》……只要选择合适了，一定能让孩子们的朗读声情并茂。

既然音乐能为我们的课堂教学"推波助澜"，就让我们精心挑选、用心感受，让语文教学中多一点乐声飞扬的时刻吧！

第七节 三趣，走好课外阅读第一步

《义务教育语文课程标准》一直十分关注学生阅读，2022 版的课标在第一学段的阅读目标中指出，要让学生"喜欢阅读，感受阅读的乐趣"，使他们向往美好的情境，关心自然和生命，对感兴趣的人物和事件有自己的感受和想法，还特别强调学生阅读量的积累，在低年级学段就要求课外阅读总量不少于 5 万字。而我在参与了国家级子课题"小学分级阅读活动有效开展的方法研究"之后，指导学生阅读更是成了我教学工作的重中之重。作为孩子"阅读人生"的启蒙人，我们老师如何引导一年级学生走好课外阅读的第一步，至关重要。我紧扣"让学生喜欢阅读，感受阅读的乐趣"这一课程目标做了以下几个方面的尝试。

一、引趣——好书推介，指明阅读方向

"兴趣是最好的老师。"所以我在指导学生购买课外书时，并没有急于将所谓的各类"必读书目"下发给学生，而是先根据班级学生的年龄特征挑选一些公认的"优质绘本"，如《我爸爸》《我是霸王龙》《血的故事》等等，利用阅读课和午读时间以配乐讲故事的形式讲给学生听，并留意学生课间阅读的相关书籍类型。通过一段时间的观察，我发现他们对短小精悍、图文并茂的关于生命、自然等方面的绘本故事非常感兴趣，然后我才精挑细选，结合"南方分级阅读"以及学校要求推荐了以下一系列适合学生"口味"的课外读物。

南沙小学一年级学生必读及选读书目

序号	书名
1	《成语故事精选》（注音本）
2	《安徒生童话》（拼音读物绘本）（丹麦）
3	南方分级阅读《蓝皮书》《红皮书》

续表

序号	书名
4	《弟子规》
5	《身体系列故事》（绘本）
6	《我爱爸爸》（绘本）
7	《红鞋子》（绘本）
8	《爷爷一定有办法》（绘本）
9	《格林童话集》
10	《张天翼儿童文学全集》
11	《长袜子皮皮》
12	《猜猜我有多爱你》（绘本）
13	《你看起来好像很好吃》（绘本）
14	《我是霸王龙》（绘本）
15	《小企鹅心灵成长故事》（5 册）
16	"我在这儿"成长阅读丛书系列（9 册）
17	阿罗系列
18	《文字的奥秘》（3 册）
19	《小猪唏哩呼噜》
20	《小熊比尔和爸爸的故事》（注音版）

注：1—10 为必读书籍，其余为选读书籍。

因为以上故事中有几个是在阅读课上出现过的，引起了学生强烈的兴趣，所以学生购买课外书非常积极，几乎全班同学都以各种渠道购买了以上必读书籍和部分选读书籍。

二、诱趣——榜样引领，明晰阅读方法

一年级学生毕竟年龄小，识字量不多，对课外书也许会有一定兴趣，但是要自己阅读起来却是很难真正投入和坚持。针对这一点，我采用了"榜样引领"的方法。这个榜样涉及多个群体，有老师、家长、学生。

首先是老师要起到阅读示范作用。在第一次阅读课上，我给同学们上了一节《我爸爸》的绘本阅读课。为了上好这第一课，我在课前做了充分的准备：做课件、学习绘本相关知识、看相关课例……因为我希望在这一节课上，能够让学生在边看、边读、边想的过程中学会阅读课外书的基本方法。课堂上，我基本按照"谈话导入—走进绘本—升华情感—仿写创作—指导实践"的步骤进行，重点是"走进绘本"环节。我根据课件展示详细地向学生介绍了如何从封面、环衬获取作者、出版社、主题色调等相关信息，然后配上音乐讲述了这个故事。在讲故事的过程中，我适时地提出一些问题推动学生思考，引导他们边读边想，并在讲完故事之后推荐了相关的书籍《我妈妈》，让学生课后进行阅读。这样一节课其实就是以老师为榜样来教给学生阅读课外书籍的方法。经过几次示范之后，学生对于绘本的阅读方式就基本掌握了。老师的阅读示范作用的另一个体现是老师自己要做一个爱读书的人。比如，在午读时，学生在看书，老师也可以拿一本书和学生共同阅读。这样的师生共享阅读时刻的画面无疑是一道最美的风景，也会无形中使学生更加亲近阅读。

其次是家长要起到阅读示范作用。从一年级上学期的第一次家长会开始，我就将课外阅读的重要性向家长们做了透彻的阐述，也希望能够得到他们的支持。为了充分发挥家长在学生的课外阅读中的指导作用，我建议家长在节假日带孩子们到书店、图书馆看书。家长带头每天坚持看书，为孩子们做榜样，并通过亲子合作阅读、相互交流、讨论，让孩子充分释放自己的积累，展示自己的收获，感受到课外阅读给自己带来的成就与快乐，从而形成和谐、合作的课外阅读氛围。

另外，我还时刻关注学生的阅读情况。我经常在课间时拿着相机在教室巡视，发现有阅读的身影就抓拍下来放在班级电脑里展示。我还从爱读书的学生当中选出爱读书、会读书的"阅读小蜜蜂"为大家的课外阅读活动树立榜样，让这些学生展示他们读过的书籍，为其他学生注入"正能量"。不管何时，只要发现有学生在造句、说话、回答问题时引用了课外阅读中学到的经典词句时，我就抓住不放，大加赞美。我这样做是想让学生知道，课外阅读不但能增加知识，还能让自己更加具有魅力。这样一来，学生阅读的兴趣更浓了。

三、激趣——活动体验，感受阅读成就

一年级学生年龄小，争强好胜，有强烈的表现欲。因此，在一年级开展比赛活动是激发学生阅读兴趣、调动学生课外阅读积极性的有效手段。为了给学生搭建展示的平台，我近一年来在班级开展了"读书卡制作比赛""阅读手抄报比赛""讲故事比赛""经典诗文诵读比赛""经典诗词积累比赛"等各项阅读主题竞赛。为了让学生更容易获得成功，我在比赛之前会对学生进行细致的指导。比如，在进行"读书卡制作比赛"之前，我花了30分钟为学生进行了"如何选纸张、如何排版、如何选材、如何配色、如何美化"等方面的介绍，还精心挑选了一些优秀的读书卡作品给他们欣赏、模仿，让他们做到心中有底，对比赛充满信心。在进行"讲故事比赛"之前，我将评分标准为学生——解读，并亲身示范怎样才是绘声绘色地讲故事，让学生明白自己该朝哪个方向努力，更加有的放矢地进行训练。在这样一项一项地指导和比赛之后，学生对课外阅读的展示方式有了比较清晰的认识。

为了让学生能从成功的体验中获得兴趣和动力，我还为每一次比赛设定了奖状和奖品，凡是参加的都能获得"积极参与奖"。对获得各级奖项的学生，我都大力表扬，树立正面典型给大家学习，并让成功者介绍经验。这一个又一个的展示平台成了学生体验成功的最佳渠道，既丰富了他们的生活，又锻炼了他们的胆量，还让他们对课外阅读有了更浓厚的兴趣和更强劲的动力。

一年过去了，我班学生对课外阅读的兴趣越来越浓。暑假临近，孩子们又争相购买"南方分级阅读"推荐的《红皮书》，准备在暑假阅读。为了让每天的阅读落到实处，我设计了一张"暑假阅读情况记录表"，让家长每天记录孩子在家进行课外阅读的情况。（见下表）

暑假阅读情况记录表

日期	书名	阅读时间	家长签名
7月11日	《骨头》	40分钟	

　　到下个学期开学之时，我会根据学生假期在家里的阅读情况，评选出"阅读之星"并颁发奖状和奖品。因为我希望学生在我的引导下切实走好课外阅读的第一步，更希望他们能知道生命不止，阅读不止。

第八节 借助阅读平台，提升阅读素养

在"阅读能力决定学习能力"的今天，除了激发学生的阅读兴趣外，如何培养他们长期的阅读习惯、提升阅读素养一直是语文老师不断探索和研究的问题。在电子阅读和纸质阅读蓬勃发展的新时期，怎样有效引导小学生进行全面、科学和长期的阅读对学生的成长尤为重要。

当前，重视阅读和阅读素养已经成为国际社会的共识。作为阅读习惯培养者的小学语文老师更应将阅读放在重中之重的位置。在国内外已有的关于阅读习惯培养和阅读素养提升的研究中，研究者们基本都提出了"如何引领孩子健康而个性地阅读""如何培养长效的阅读兴趣""如何及时客观地进行阅读情况反馈"等问题。

2018 年 10 月，广州市教育研究院牵头开展了"智慧阅读"应用项目的实施。我校作为首批试点校，一直在推进此项工作。之后一年，我校借助智慧阅读平台，继续在培养学生阅读习惯和提升学生阅读素养方面做了很多尝试，取得了一定的进步，尤其在学生个性化阅读、均衡性阅读方面有较明显的效果。在这里，我结合我们学校的工作经验，简单分享一下。

一、借助推荐书目清单，帮助学生选择个性化的阅读材料

根据小学生的年龄和认知特点，为了有效地引导他们阅读合适的书籍，每一所学校、每一位教师甚至每一位家长都会给学生推荐书目，有的是根据课本内容来进行拓展延伸，有的是配合学生兴趣来进行挑选。同样地，智慧阅读平台也有书目推荐功能。与以往的书目推荐相比较，智慧阅读平台的书目是由专业人士和骨干教师联合拟定的，更具有专业性、针对性和人本性。于是我们巧妙地利用这样的特点，帮助学生更加合理地选择个性化的阅读材料。

鲁迅在《给颜黎民的信》中说过："只看一个人的著作，结果是不大好的：你就得不到多方面的优点。必须如蜜蜂一样，采过许多花，这才能酿出蜜来，倘若叮在一处，所得就非常有限，枯燥了。"这句话提醒我，一个学生只有做到阅读多领域、多种类的书籍，才能使自己掌握的知识更加全面。这就是我们所提倡的"全科阅读"。而智慧阅读平台就为学生提供了全面且海量的全科书单。比如，配合一年级上册的语文学习，智慧阅读平台就提供了《中国神话故事》第（1、2、3）卷、《蚯蚓的日记》《逃家小兔》《猜猜我有多爱你》《我和我的影子》《大卫上学去》《小绿狼》等一系列从各国童书中精选出来的书籍给学生阅读。虽然有导向，但是平台并不局限，除了这些书籍，学生还可以根据自己的兴趣挑选同类别书籍进行阅读。这样就让学生既能掌握阅读大方向，又不会缺乏自主和个性。再加上教师恰当的引导，学生的阅读习惯就能逐步养成。更重要的是，智慧阅读平台的阅读理念更加先进和全面。

在传统观念里，"指导学生阅读理所当然是语文老师的事情"这种意识根深蒂固，语文学科以外的学科教师基本不会涉足学生阅读的领域。而智慧阅读打破了这种传统观念的局限，大力提倡"全科阅读"。所以在平台书单里除了有语文课本同步书单，还有体育、科学、英语、生活等各个和学生学习与生活息息相关的领域内的书籍推荐。

这种引导无疑拓宽了教师、家长和学生的视野以及阅读的广度。比如，为了引导学生在暑假能够合理安排时间进行阅读和开展实践活动，智慧阅读平台推出了"悦读花城，印象广州"主题活动。我们老师就着这个活动对学生进行了暑期阅读实践活动的安排：让学生根据书单选择自己喜欢的书籍每天进行 30 分钟的课外阅读，在家长的带领下去一些祖国的名胜之地看看走走，并结合这些实践活动拍摄照片、制作读书卡、录制视频等等上传平台进行展示，和大家分享。这样既读万卷书，又行万里路，引导学生逐步成长为全面发展的小公民。

在学生的阅读世界里，仅仅有学科方面的书籍阅读是远远不够的，因为这样容易导致学生与生活和时代脱轨。为了促进学生与时俱进的敏锐力、广阔包容的国际视野以及个性的创新精神，智慧阅读平台也推出了相应的书单及主题活动。比如，为了迎接国庆节，智慧阅读平台推出了《粤韵唐诗》《时代楷模》《飞天的故事》《南行记》《我是中国的孩子》等等种类繁多且充满正能量的书籍供学生选择阅读。我们老师巧妙地借助平台，引导学生根据自己的想法选择自己喜欢的书籍进行阅读，并将自己的阅读感受、阅读成果进行展示和分享。而且平台还能让大家随时随地实现跨越时空的交流，这样既让学生的阅读个性化得到最大的张扬，又能保证学生阅读的书籍是健康向上的。

二、借助每日阅读记录，激励学生养成长效性的阅读习惯

调查显示，当今社会竞争日益激烈，来自各方面的压力也越来越大，导致很多家长对孩子的阅读兴趣培养、指导都无暇顾及。部分家长对孩子阅读重功利、轻实效，极度缺乏对孩子阅读兴趣的持续培养。但是阅读是一个人一生的事业，从小培养学生的阅读习惯是刻不容缓的。根据学生身心成长的特点，中小学智慧型成长阅读以脑科学理论、人工智能算法为理论基础，对阅读与个体发展的探讨深入到脑发展的机理层面。

智慧型成长阅读遵循个体学习阅读过程中的脑活动规律，分阶段设定阅读教学目标；基于个体阅读的脑与认知科学规律，选择恰当的教学方式；同时，通过功能磁共振成像技术（fMRI）等为代表的脑成像技术，建立参与智慧阅读的中小学生脑发展信息；并基于平台收集的学生阅读过程信息，探讨学生阅读与脑发展的关系。为了促使家长对这项工作产生重视，更为了真正帮助学生养成良好的阅读习惯，智慧阅读平台设置了"每日阅读记录"这项功能。我们老师巧妙地借助这项功能，让家长、学生、老师携起手来为促进孩子坚持阅读而助力：老师每天提醒学生回家要进行30分钟的课外阅读，并指导家长进行督促和观察；在学生阅读完毕后，家长协助孩子在智慧阅读平台上进行"阅读书名""阅读日期""阅读时长""阅读页数"等项目的记录。这样就将孩子每日的阅读情况都上传到了网络保存起来，平台为每一位学生都自动生成了一份个人阅读档案。

对区域内五所学校的调查显示，对于学生阅读习惯形成的最大阻力是缺乏对学生阅读情况的及时反馈和激励。而智慧阅读平台的周期阅读情况记录表和勋章墙就巧妙地解决了这个难题。每天，各班级老师可以登录平台查看学生阅读情况。每周，平台会自动生成阅读情况记录表；每月，平台会自动生成阅读情况报告。老师可以根据情况及时进行指导和调整。而每一位学生只要每周阅读、每月阅读都能达标，就能获得相应的勋章，勋章达到一定的数目就能获得市级的奖励。我们老师巧妙地结合这些措施对学生的每日阅读进行表扬和鼓励。

学校还在这些激励措施的基础上，设置了"智慧阅读之星个人"和"智慧阅读之星班级"的奖项进行激励，这样从一天到一周、到一个月……踏踏实实地努力坚持，很多学生已经在不知不觉中养成了每日阅读的好习惯。

三、借助周期阅读报告，引导学生形成均衡化的阅读兴趣

《义务教育语文课程标准》（2022年版）中明确提出了在义务教育阶段，学生的阅读总量要达到400万字以上，而且要求学生能够阅读寓言、童话、故事、古诗文、科普文等等各种文体，提升自己的文学素养和实践能力。而对学生阅读兴趣的调查显示，很多学生在阅读中都会呈现出比较倾向于某一类书籍的态势。这种现状容易造成学生知识缺陷和素质短板，对学生的长期发展是不利的。针对这种情况，智慧阅读平台为每位学生生成了阅读周期报告。在这份报告里，有一项是随时更新的统计图——"阅读兴趣"。在这张统计图里，智慧阅读平台根据学生之前的阅读书籍类别自动生成了兴趣提示，有的学生只有"文学"，有的学生有"文学""通识"，有的学生有"文学""通识""科普""外语"等等。我们老师可以随时查看学生的兴趣分布，并在查阅的基础上，一方面针对阅读兴趣类别比较单一的学生进行引导，一方面有意识地开展一些多类别的阅读活动，激发学生的阅读兴趣，拓宽学生的阅读广度，还会跟家长进行沟通，尽量引导学生进行全科阅读，预防知识短板，逐步促使学生形成科学的、均衡化

的阅读兴趣。

为了调动学生参与阅读的兴趣，平台还设置了展示和交流平台。学生随时可以通过文字记录以及上传照片、视频、音频等方式展示自己的阅读成果和心得。因为阅读平台打破了时空的界限，让身处这个阅读圈内的老师、学生、家长都能随时随地进行学习和交流，用这样的方式来学习别人的长处、交换彼此的思想，也让学生在这样轻松愉快的环境中获得认可、调动兴趣，同时在不断展示和交流中获取更多资源、得到更多锻炼。

比如，我曾经教过的一年级一班的小晨是个比较腼腆的孩子，在班级里不太敢大胆展示自己。但是在阅读平台的每日记录中，他在家长的帮助下经常通过画画、朗读、表演等形式来进行记录。对于每位学生的记录，我都会仔细查阅。当看到小晨朗读的短视频时，我及时进行了点赞和表扬，鼓励他在班级里也这样进行展示。随着网络展示数量的增多，再加上老师对他的关注和鼓励，小晨变得大胆了，在语言方面的表现能力也有了很大的进步。这使他成长为一个更加全面的孩子，也在无形当中强化了他的阅读兴趣和今后的表现能力。

四、借助专业阅读测评，指导学生提升全面化的阅读水平

在提升学生的阅读素养中，除了培养学生长期的阅读习惯之外，提升学生的阅读水平也是不容忽视的重点。平时，学生的阅读水平基本都是在语文课堂上、在语文老师的具体指导下得到提升的，通过课外阅读来提升阅读能力的比例不是很高。怎样才能通过课外阅读更有效地提升学生的阅读能力呢？智慧阅读平台设置了分级阅读水平测试。比如，三年级学生的阅读水平测试题一共有六套，每一套所选择的文本和题目各不相同，但是测试的方面和层次是相同的。阅读测试的时间一般限定在 30 分钟之内，学生即兴选择题目后开始自行阅读，在阅读完毕后根据自己的理解完成文段后的题目。

为了使操作方便、反馈即时而客观，题型基本都是选择题，这样，低年级学生也能参与。为了照顾学生选择测试时间的灵活性，测试时间由学

生自己确定。在一段时间范围之内，学生可以自行在电脑或手机上选择相应年级的题库进行测试。在学生完成了阅读水平测试之后，平台会生成每位学生个体的阅读能力级别与分析以及各班级、各年级学生的阅读能力总体情况反馈报告。每位学生的阅读能力分析主要包括基本信息获取与推论、鉴赏与评价、分析综合、运用与创新四个维度，老师可以根据每位学生的能力短板进行有针对性的指导；学生可以根据自己的不足在家长的协助下进行阅读策略的调整。在这样的潜移默化和循序渐进中，学生的阅读水平一定能够得到相应提升。

有人说："一个人的知识 80% 靠阅读获取，20% 靠实践获取。"如何培养学生长期的阅读习惯、提升学生的阅读素养将是我们永远的课题。我们将在借助智慧阅读平台提升学生阅读素养方面不断探索、扎实推进，力求使每一位学生都拥有一个"与书为友"的美好人生。

第九节 开启心灵 放飞想象

"春姑娘悄然远去，夏哥哥翩然而至，给我们带来了一个有无穷乐趣的季节，你们瞧，小水池里变了——"

已记不清多少次，在悠扬的音乐声中，孩子们随着我的述说走进了《荷叶圆圆》的开心课堂。

认生字、读课文、学生字……课堂在波澜不惊地推进着。"如果你是小水珠，你会在荷叶上做些什么呢？能来表演一下吗？"这个问题一出口，我的心里就"咯噔"了一下：这需要多么丰富的想象力和表演能力啊，这些孩子有这个胆量和能力吗？没一会儿，几只小手怯怯地举了起来，我微笑着叫了一个小女孩。她慢步走上讲台，脸蛋有点红，然后轻轻地做了一个"躺"的动作。我带头为她鼓掌，然后打开了电脑，屏幕上出现了美丽的荷花池，舒缓的背景音乐轻轻响起，紧接着，一颗晶莹透亮的小水珠出现了。这时候，全班54双眼睛都全神贯注地盯着大屏幕。

只见小水珠眨巴着大眼睛，一边跳一边顽皮地说："我是可爱的水珠娃娃，荷叶是我的摇篮，夜深了，我得睡觉了。摇啊摇，摇啊摇，宝宝快睡觉……啊，睡得可真香啊！"顿时，教室里热闹起来，孩子们的脸上写满了兴奋，有的手舞足蹈，有的前俯后仰……我并没有制止他们，只是大声地问了一句："还想表演吗？""想——"回答的声音震耳欲聋。"那我们来试着演演小蜻蜓好吗？大家先练习练习吧！"这时，教室变成了排练厅，"小演员"们跃跃欲试……我舒了一口气，仿佛看见一朵朵鲜花在怒放。是啊，孩子的心灵是异彩纷呈的，问题是如何去开启它；孩子的想象力是丰富多彩的，关键是怎样去点燃它。

如果没有多媒体课件的引导，课堂也许还是死气沉沉。到该表演的时候了，几十只小手举了起来，第一个上来了，脸上带着微笑："我是小蜻蜓，荷叶是我的停机坪，今天捉蚊子可真累啊，我要去休息休息了。"

第二个上来了，脸上有抑制不住的激动，他张开两只胳膊做着飞翔的动作："呜——呜——我是蜻蜓小飞机，终点站到了，我要停下来了。"第三个上来了："我是小蜻蜓，荷叶是我的停机坪，我去找小水珠玩去啦！"出乎我的意料，孩子们的表现令我惊叹。我情不自禁地为他们一次又一次地鼓掌叫好。到了表演青蛙的时候，教室似乎一下变成了荷花池，几十只"小青蛙"在"呱呱呱"地放声歌唱，一边唱还一边弹着吉他。我也被感染了，仿佛回到了童年时代。

在轻松活泼的气氛中，下课铃声响了，可我们却还意犹未尽。

"丁零零——"上课铃声又响起，我带着上一节课的些许成就感，轻松地迈入了教室。教室里并不安静，孩子们有的在交头接耳，有的在忙着收拾东西，有的甚至还在学青蛙唱歌（上节课刚演过青蛙）。我刚想发火，却还是按捺住了。我打开电脑，传来《小燕子》的旋律，然后我带着同学们一起唱了起来："小燕子，穿花衣，年年春天来这里……"歌唱完了，大家也坐好了，我们开始上课，继续学习《荷叶圆圆》。

"在这篇课文中，你最喜欢哪些词语呢？"我想培养学生积累词语的习惯。

"我喜欢'笑嘻嘻'。"

"我喜欢'游来游去'。"

"我喜欢'圆圆的，绿绿的'。"

"我喜欢'很美很美'。"

"我喜欢'亮晶晶'。"

……

"除了'亮晶晶的眼睛'，你们还知道有'亮晶晶的什么'呢？"经过思考，有一个同学说出了"亮晶晶的星星"。我不动声色，点击了一下电脑，屏幕上出现了光彩闪烁的珍珠和水滴。孩子们见了，豁然开朗，大声地说："亮晶晶的珍珠，亮晶晶的水滴！"由此联想，孩子们又说出了"亮晶晶的项链""亮晶晶的雨点""亮晶晶的金子""亮晶晶的钻石"……听着他们稚嫩的童音，我心里有说不出的高兴。

"其实啊，荷叶的朋友可多了，你们猜一猜，除了课文里的小水珠、小蜻蜓、小鱼儿和小青蛙，还会有谁呢？""还会有小蚂蚁！"一个学生脱口而出。"那小蚂蚁会说什么呢？"因为有了上一节课的引导，大家很快就会编故事了："小蚂蚁说：'荷叶是我的运动场，我在上面踢足球。'"大家感觉还不错，都为他鼓起了掌。"还会有其他的小伙伴吗？"接下来是一段时间不短的沉默。"没关系，请大家先看看这些图，它们是来帮助你们成为小作家的。"

我向学生展示了课前收集的荷池图，当然，图画里除了荷池，还有荷叶的小伙伴们。

在这些富有童趣的图片引导下，孩子们的想象力又一次大放异彩，他们的说话能力又一次得到了提高。最后，在师生的合作下，我们班还编出了自己的"荷叶圆圆"，你听，他们正在津津有味地背诵呢："荷叶圆圆的，绿绿的，大大的。小蚂蚁说：'荷叶是我的运动场。'小蚂蚁在荷叶上高兴地跑来跑去。小蝴蝶说：'荷叶是我的舞台。'小蝴蝶停在荷叶上，张开美丽的翅膀。小虾子说：'荷叶是我的蹦蹦床。'小虾子笑嘻嘻地跳上荷叶，兴奋地蹦来蹦去。小朋友说：'荷叶是我的小脸盆。'小朋友在荷叶上装水珠，玩得可开心啦。"

孩子们用最大的热情在背诵着自己的原创作品，内心的自豪溢于言表。我很享受地听着，仿佛看见他们在苗壮地成长，仿佛看见他们走在一条通往成功的路上。是啊，一个孩子，如果他在学习时开启了自己的心灵，放飞了自己的想象，又有什么是不可能的呢？

第四章

文苑撷英

直至今日，我在这小小一方讲台上耕耘已近30年岁月，担任班主任也已有多个年头。早在湖南时，我便意识到，好的教学绝不仅仅是让学生考出好的成绩，更重要的是，让学生在学习过程中成长与成熟。教育绝不仅仅是"教书"，更重要的是"育人"。就如同《师说》中讲的那句："师者，所以传道受业解惑也。"

传道，是教师的第一天职。而所谓"传道"，就是在教授学生知识的同时，以文化熏陶他们的身心，帮助他们养成良好的习惯，促成他们的均衡、全面发展，使其成为德智体美劳全面发展的人。

在教学过程中，我坚持以温情育人，以温情塑人，真正地帮助孩子们健康、快乐地成长。

第一节　让"文化"浸润心灵家园

　　班级是孩子成长的精神家园，班级文化是其灵魂所在，对于学生的成长至关重要。作为班主任，我一直注重班级山海文化的建设，并努力全方位构筑、经营一方圣洁的精神家园，用班级文化浸润孩子的心灵，使之健康快乐地成长。

　　在我的理念中，班级就是学生成长的精神家园，是学生永远的心灵港湾。而班级文化对于学生心理发展的意义不言而喻，它能引导心灵、规范行为、陶冶情操、激励意志、沟通思想。因此，我一直注重班级文化的建设，力求让"文化"去浸润孩子们的心灵，使之快乐健康地成长。于是，在学校山海文化的教育理念引领下，我萌发了建立班级山海文化的灵感，并一直为之努力着。

一、创设环境，滋润心灵

（一）让墙壁传递"山海"情怀

　　恩格斯指出："人创造环境，同样，环境也创造人。"我觉得确实如此。为了帮助孩子们树立正确的人生观，我力求创设一种积极向上的班级环境，使孩子们在潜移默化中受到教育。"让墙壁说话，为学生创造一个良好的教育环境。"这是每一个老师都非常认同的。于是，我在教室前黑板上方张贴国旗，左侧课程表下贴班训——做事脚踏实地、做人顶天立地、求知博大精深、待人胸怀宽广；教室后方墙报左侧布置成活泼形象的"书山学海"展示台——定期张贴孩子们的各类作品；墙报右侧是"山海之星"光荣榜——每周评选"勤奋好学星""诚实守信星""环保卫士星""助人为乐星"等，并将他们的名字公布在相应的位置。

　　为了培养孩子们的竞争意识，我在教室的右侧墙面上分学期分别张贴了"浪花榜"，全班每个学生都是班级海洋中的一朵"浪花"，"浪花"上标明姓名，当学生为班级做贡献、主动帮助同学、言行与常规一致时便能得到一颗小"浪花"。这既让学生在学习中养成竞争意识，让学生各个方面都不断进步，又让他们懂得自己是集体中的一员。另外，我还在教室两侧墙壁上悬挂符合孩子们年龄特点的名人画像和体现"山海"精神的名言警句，并在教室的窗台上摆了几盆绿色植物，既调节教室的气氛，使教室生机盎然，又间接培养学生的责任意识。

班级墙报则由班级的宣传委员主要负责，轮流安排四人小组做好相关工作，在选材上要求至少有一篇关于"山海"的文章，有一篇来自班级的"新闻报道"，并且对学生进行适当指导，力求使墙报图文并茂。我想，长此以往，孩子们的人生观和世界观一定会逐步往正确的方向发展。

（二）让书本诉说"山海"故事

在教室后面的图书柜中，我指导孩子们摆满了课外书籍，有的是他们自主捐献的，有的是我经过精心挑选购买的，其中既有符合学生心理的童话类型书籍，也有很多与山海相关的书籍。这种做法既培养了学生的奉献精神，又让他们在阅读的过程中了解到更多的关于山海的故事，受到更好的熏陶。为了将课外阅读的功效发挥到最大，我还组织班级的同学每学期举办一次好书推荐、举行介绍好书征文比赛、讲"山海"故事大赛等活动，充分调动了学生的读书积极性，使图书角发挥了其应该有的文化源的作用。

（三）让课桌吐露"山海"心声

心理健康的人不仅了解自己，而且能接纳自我。为了让孩子们能认识自我，更好地激励自己成为"山海"好少年，我引导他们在课桌指定位置贴上"自我激励卡"，内容包括：姓名、爱好、喜欢的"山海"名言、本期目标等，让毫不起眼的桌子也加入教育的行列。

二、全面渗透，造就品质

（一）设计班标，激发创造灵感

培养学生的创新能力和实践能力是素质教育的核心，是现代教育的重要使命。创新能力与心理健康有着密切的关系。意识到这一点，我便以"设计班标"为窗口，来激发孩子们的创造灵感。

在全班同学积极参与和民意测评之后，我们确定了我们班的一系列班级标志：

班徽：由圆形、曲线、变形小苗图案组成。圆形代表太阳，寓意世界的关爱；曲线代表山海界限，寓意山的坚毅、海的包容；小苗由班号"3"演变而成，既是班级的代号，也寓意所有孩子像小苗一样在阳光雨露下苗壮成长。

班歌：《让理想飞翔》（借用《让快乐飞翔》的曲调，由我指导学生自己填词合成）。歌词如下：天边有个海娃娃，穿着蓝衣裳。藏着星星、藏着月亮，挂在我的心上。地上有个山娃娃，穿着绿衣裳。悄悄幻想，悄悄长大，挂在你的心上。给天空长长的翅膀，让理想飞翔。给天空圆圆的向往，把爱心点亮。世界一天天地变小，说着我们的成长。世界一天天更加美好，画着我们的梦想，画着我们的梦想。

班花：风信子。风信子的叶子为绿色，花朵为蓝色，两种颜色也是山和海的代表色。风信子花语为：胜利、竞技、喜悦、爱意、幸福、顽强、生命，也能恰到好处地诠释山海精神。

班级口号：自信、自觉、自立、自强。

这一系列班级标志的设计，不仅使孩子更加全面地认识了"山海"文化的内涵，更培养了他们的创新能力和集体荣誉感，可谓是一举两得。

（二）登山观海，感受山海魅力

作为现代人，既能享受学习，又能享受生活的人，才算得上是心理健康的。我也非常赞同这个说法，所以，我们的班级文化中并不缺少"积极生活"的部分。

"登山则情满于山，观海则意溢于海。"为了让孩子对虽然熟悉却并不了解的山和海有更加直观的认识，我利用学校地理位置的优越性带领孩子们近距离地感受山海的魅力。在晴朗的周六周日，我、科任老师和部分家长组织、带领孩子们去登南沙境内最高峰——黄山鲁。我们在登山的过程中开展各种活动，比如传话游戏、抢红旗、短距离攀登比赛、看谁最快到达山顶等等，让孩子们在假日里既愉悦身心，又直观地感受高山所蕴含的精神和品质。

在山的顶端，我带领孩子们齐诵关于山的诗句：杜甫的"会当凌绝顶，一览众山小"，让孩子们感受到山的伟岸；林则徐的"壁立千仞，无欲则刚"，让孩子们体会到山的坚毅；王籍的"蝉噪林逾静，鸟鸣山更幽"，让孩子们领悟到山的默默无闻……在寒暑假，我还布置家长们尽量带孩子去游历祖国的名山大川，让他们对山的精神有更深刻的认识，而在登山、游览的过程中可以使孩子的意志得到更好的锻炼。同样，我也曾带领学生去我们南沙境内的万顷沙观海。

虽然南沙的孩子可以说是在海边成长的，但是当大家排成一排，面朝大海，迎着海风，听着汽笛声吟诵诗句时，他们才真正懂得了大海的精神——陆游的"三万里河东入海，五千仞岳上摩天"，让孩子们懂得了大海的辽阔；林则徐的"海纳百川，有容乃大"，让孩子们知道了什么叫作包容；文天祥的《过零丁洋》，让孩子们体会到柔中带刚的英雄气概……除了通过实践活动来加深孩子们对山海的认知，我还组织学生开展了一系列以山海为主题的班队活动："远山的呼唤""走进海洋""我眼中的山""海的声音"等等，让孩子们对山海有更全面的认识。就这样，通过一系列的活动，孩子们心中的山海形象越来越清晰和高大，孩子们也在活动中增强了社会的适应能力。

（三）读山阅海，走进山海境界

对于山海的认识不能停留在表象，如何让孩子们对山海的精神有更深切的体会，使他们走进山海的境界呢？我想，最好的方法莫过于读书了。于是，我通过几条渠道来引导孩子们阅读山海故事。首先，我带领班干部仔细研究和筛选，确定和购买了一系列和山海有关的故事和书籍，比如《狼牙山五壮士》《海洋的故事》《南岳故事》《精卫填海》《井冈山的故事》《人、船与海洋的故事》《黄山传说》《八仙过海》《华山传说》等等，放在班级图书柜里供学生阅读。其次，我指导学生去学校的图书室借阅相关书籍，拓宽自己的知识面。另外，我还鼓励学生从家里带相关书籍到学校和同学交换阅读。这样一来，每个学生都阅读了大量有关山海的书籍。在此基础上，我还组织学生定期举行有关册山海内容的故事会、知识竞赛、朗诵比赛、读后感比赛等，让他们在活动中进一步走近山海，进入一个既奇妙无穷又浸润心灵的山海世界。

（四）写山绘海，抒发山海情怀

通过一系列"登山观海""读山阅海"的活动，学生对山海文化的内涵了解得越来越清晰。但是，这些认知大多停留在表象。如何才能让孩子们将山海精神内化成自己的东西呢？经过和孩子们讨论，我们最后决定开展系列"写山绘海"活动。根据学生的年龄特征，我分别引导他们开展了"画山""画海"绘画比赛、"＿＿的山""＿＿的海"手抄报比赛、"读山""读海"读后感比赛、"山海启示"征文比赛等。在这些活动开展时，我全程跟踪进行相关指导，让孩子们不仅得到知识上的收获，更受到精神上的熏陶，引导他们更加深入地思考山海带给我们的一切，并将自己的感悟通过各种形式表现出来。

（五）锻山炼海，造就山海品质

意志健全是衡量心理健康的一个重要标准，因此，我一直将学习山的坚毅、沉稳作为塑造孩子们灵魂的重点。为了循序渐进地培养孩子们包容、坚毅、谦虚、好学等品质，提升他们的心理素质，为了获得家长的配合，我在低年级时就郑重其事地将心理健康的重要性以及培养计划在家长会上做了介绍。对此，家长们非常认同和支持，纷纷表示让孩子们在家里和学校都接受同样观点的教育。比如，为了培养孩子们勇敢坚强的个性，首先，我建议家长们让孩子多进行户外活动，如爬高、跳跃等，同时在活动中有意加入一些碰撞性活动，使孩子在活动中既学会保护自己，又能争取胜利。其次，我介绍一些充满冒险精神的名著如《爱丽丝漫游仙境》《格列佛游记》《八十天环游地球》等给孩子们阅读，还经常给孩子讲这方面的故事，让孩子从故事里的人物身上学习勇敢的精神。最后，我建议家长在发现孩子有所进步时，一定要及时表扬他的勇敢精神，从而强化孩子有益的性格特点。另外，我还鼓励家长大胆放手让孩子去做事，让孩子在生活中接受锻炼，逐步使孩子变得勇敢、坚强，成为一个富有勇敢精神的人。

同样，对于衡量心理健康的另一个重要标准——人际关系和谐，我也从不敢掉以轻心。为了培养孩子们宽容的性格，我多管齐下。我在家长会上向家长们阐述了宽容的重要性。在大家认同了这一观点之后，我对家长们提了几点建议：教育孩子认清自己是家庭中的一员，绝对不是中心；要做生活的有心人，把握好教育时机，当发现孩子有小心眼的苗头时决不能姑息，要从具体的事情着手教育；多给孩子阅读表现"宽容"的故事，如《将相和》《周总理的故事》《仁义胡同》《宽恕带来的财富》等等，让他们从故事中获得启示，进行自我教育；在孩子有了些许进步时要多加鼓励，决不能视而不见。

除了获取家长的配合，我还将自己的教育理念向我们班的科任老师进行推广，也得到了他们的大力支持和配合。就这样，我们组成一个庞大的教育联盟，将山海精神潜移默化地灌输到孩子们的内心。功夫不负有心人，经过老师、家长的共同教育，我们班的孩子健康成长，性格大方开朗，而且思维敏捷、成绩优秀，乐于参加各项活动，在各类比赛中均能全力以赴并获得好的名次。山海的坚毅、包容已经在他们身上逐步显现，他们正逐步成为身心健康的优秀小公民。

心理健康教育是一个永无止境的过程，它可以体现在生活中的每一个细节。在今后的工作中，我们应该将它时时放在心上，处处不忘渗透，让每一个孩子的心灵绽放出最美的花朵。

第二节　让好习惯为成长保驾护航

很多家长都跟我谈过，让孩子从小养成"好的习惯"，对他们的成长至关重要。习惯为何物呢？

按照定义而言，习惯，是指在长时期里逐渐养成的、一时不容易改变的行为、倾向或社会风尚。

我国著名教育家叶圣陶说："教育就是培养习惯。"俄国教育家乌申斯基说："良好的习惯乃是人在神经系统中存放的道德资本，这个资本不断地增值，而人在其整个一生中就享受着它的利息。"所以说，良好的习惯是孩子进步的阶梯，也是孩子成长路上的"守护神"。好习惯就像我们生命树枝上盛开的美丽的小花，学生能否养成良好的行为习惯和学习习惯，对他们日后成功与否至关重要。

众所周知，"冰冻三尺非一日之寒"，良好的习惯不是天生的，也不是一蹴而就的，它需要在平时的生活实践中一点一滴地培养和积累。所以，教师和家长在小学低年级阶段，就要齐心协力，系统而全面地培养学生的行为习惯。只有根基深，才能枝叶茂。

对此，我也曾有过不少的经验与感悟。

一、小学生良好习惯的内涵和特征

好习惯有那么多的利好，那它又有哪些内涵和特征呢？

据我的经验言之，好习惯包括良好的行为习惯和学习习惯，包括积极的情绪体验和生活态度。如果一个人能拥有文明的言行、一流的学业和健全的心理，他一定会在人生的舞台上，建树起自己人格的丰碑，去实现理想、拥抱成功。具体地说，小学低年级阶段主要是要培养好学生的适应习惯、礼仪习惯、倾听习惯、表达习惯、书写习惯、阅读习惯、日记习惯与自主学习和合作学习的习惯。下面我结合个人的教育实际来阐述在培养学生良好习惯方面的一些方法和措施。

二、培养小学生良好习惯的策略

（一）适应的好习惯

儿童从宽松惬意的幼儿园生活跨越到紧张的小学生活，需要较长一段时间来适应，所以养成适应环境的好习惯刻不容缓。我无数次在开学初的家长会上告知家长"播下一个行动，收获一种习惯；播下一种习惯，收获一种性格；播下一种性格，收获一种命运"，使他们认识到养成好习惯的重要性，然后跟家长们就"如何提高孩子的适应能力"展开了讨论和交流；再根据大家的意见，把家庭与学校结合起来，从"让孩子坐得住""让孩子自己收拾""让孩子独立思考""让孩子表达内心"等几个方面来培养孩子的习惯，提高他们的适应能力。在整个培养过程中，老师要及时与家长沟通，了解孩子在家里的表现，遇到问题，和家长共同商量解决的办法。时间一久，孩子们的各种毛病就能逐步改掉，完全适应学校的学习和生活了。在这个过程当中，我们可以不断总结经验，以小见大，以点见面，让学生能在今后的成长中更自如地应对各种变化，更好地适应环境。

（二）礼仪的好习惯

"礼仪是一封通行四方的推荐书。"以礼待人，使用礼貌语言，是中华民族的传统美德。在当今社会，一个人成功与否，主要取决于他的"情商"（EQ，又称情绪智力，是近年来心理学家们提出的与智力和智商相对应的概念。它主要是指人在情绪、情感、意志、耐受挫折等方面的品质）。所以，对学生的礼仪习惯的培养，从进入校门开始，就必须对他们的行为礼仪树立一个标尺。首先，要做到尊敬老师，见面一定要主动问好。对于做得好的学生及时表扬，对于不好意思的学生可以私下和他交谈，跟他讲故事和道理，并在每一次和他相遇时用眼神提醒和鼓励他，让他逐步养成主动问好的习惯。如果还有不能做到的，老师就主动跟他问好，他就会很乐意地和老师打招呼了。其次，要做到尊老爱幼，平等待人；同学之间友好相处，互相关心，互相帮助，不欺负弱小，不讥笑、戏弄他人。现在的孩子大多是独生子女，以自我为中心，教会他们处理好人际关系，至关重要。最后，要做到诚实守信，不说谎话，知错就改。

（三）阅读的好习惯

在前面的章节中，我已经无数次提及了阅读的重要性，正如苏联诗人别德内依所说："没有书，人类生活充满空虚。书籍不但是我们的朋友，而且是我们终身的伴侣。"可见培养学生的阅读是多么重要。所以，从学生步入小学的第一天开始，我就会引导学生看书、爱书。首先，从学生最感兴趣的书入手，激发他们认字和阅读的兴趣。例如，在阅读语文课本的过程中，我会对学生的读书姿势、读书速度、读书方法给予指导，让学生以探究问题、解决问题、理解情感为目的进行反复阅读。其次，让他们利用工具书，通过查读、快读、默读、精读、朗读等方式，尽量独立感知课文内容。再次，开展每天20分钟早读、班队课上的课外阅读、同学之间互相借书阅读等活动，调动学生阅读兴趣，鼓励学生扩大阅读范围，拓宽他们的视野。最后，利用班队活动时间，阅读一些有关杂志、书籍或优美的作文，激发学生主动阅读的兴趣。除此之外，我还为孩子们提供了相应年龄段适合阅读的书目，为他们设计"读书卡"，让他们每天在家也要阅读20分钟以上，并填写好读书卡，以备检查；同时，鼓励孩子们自主选择几本书拿回学校和大家交换阅读。对于比较好的书，我通常会自己买上几本，放在教室的图书柜里供学生查阅，从而调动学生的积极性与模仿性。长此以往，我相信孩子们定能养成良好的阅读习惯，从而让他们受益终身。

（四）倾听的好习惯

有人说，我们之所以有两只耳朵却只有一张嘴巴，那就是要我们多听少言。虽然这句话有调侃之嫌，却也告诉了我们倾听的重要性。专心听讲的好习惯，不仅包括积极举手发言，更重要的是学会倾听。在老师讲解的过程中，倾听的好习惯能帮助学生听清老师所讲内容，更能帮助学生听清老师所提的问题，从而提高听课效率。在其他同学回答问题的同时，认真倾听，不仅体现对同学的尊重，更有助于同学之间交流看法，改变学生过于表现自己的不好习惯。所以，在课堂上，我总是认真地倾听学生的回答，然后不露痕迹地引导他们在倾听时要眼睛望着发言人，更提醒他们边听边思考，如果有问题或意见，一定要等别人说完再举手示意。

（五）表达的好习惯

培养学生表达的好习惯，能帮助学生更好地锻炼听说能力，为将来步入社会打下交际基础。平时回答问题时，我会有意识地要求学生表达完整，表述清晰，表达简洁，抓住重点，并希望每一位学生能恰当地运用"我觉得……""我想……""因为……所以……"等词语来使自己的表达完整而到位。在提出问题后，我也会给学生思考的时间，让学生先思考并在脑海中组织好语言，再按要求回答问题。在学生作答时，一旦发现了问题，我"决不姑息"，及时地指出、纠正、引导。通过如此训练，学生完整清楚的表达习惯基本养成了。

（六）书写的好习惯

书写习惯会直接影响孩子的一生。作为语文老师，我们尤其要注意培养孩子良好的书写习惯。在课堂上，我会尽量抽出时间给学生练习生字，并给予亲切的指导，对于表现出众的和进步明显的学给予及时的展示和表扬，为大家树立身边的榜样。在布置学生的每一次作业时，我会提醒学生字迹要工整，格式要正确，书面要干净整齐，本子要爱护。对于完成作业质量较差的学生，我会和他们谈心，把写得好的作业拿给他们看，要求他们按要求重做。有时候我甚至会亲自示范几个字给学生讲解。针对部分学生作业不认真的现象，我会尽量将作业放在课堂上做。经过严格的要求和长时间的练习，我们班学生的书写得到大家的好评。但我深知，养成了这种好习惯后还是不能掉以轻心，由于小孩子的不自觉性，这项工作还得时时注意，刻刻抓紧。

（七）写日记的好习惯

写日记，能培养学生的恒心和毅力，能提高学生的文字表达能力和写作能力。这些都是学生必不可少的能力。所以，我总坚持培养孩子写日记的习惯。为了鼓励孩子写好日记，我采取了以下方法。首先，只要他们在日记开头写上自己愿意写的东西，我在批改时就会和他们进行"对话"，他们觉得有意思，就会继续写。然后，对于能坚持下来的，我会在班上大力表扬，积极支持、称赞这种好习惯，并冠以"小作家""小蜜蜂"等头衔，学生便更有劲头了。久而久之，学生写日记的习惯就逐渐养成了。

（八）自主学习和合作学习的好习惯

培养学生自主学习和合作学习的习惯，提高学习效率，这一点尤为重要。语文教学由重教向重学转变，就是提倡学生在学习中采用自主、合作、探究的学习方式，来提高学生的学习能力。要达到这一目标，我觉得首先是在教学过程中要充分相信学生的能力，尽量做到少讲、精讲，将更多的学习时间、思维空间留给学生；同时，鼓励学生多阅读、多思考、多发问、多和小组讨论，互相交流彼此的看法。对于小组合作学习，则由小组长组织发言，对词语、句子、段落等展开讨论，我则在巡视时给予点拨和指导，让小组独立发现问题、解决问题。这样不仅教给了学生知识，更重要的是让他们掌握了好的学习方法，学会学习。

我认为在进行知识教学的同时，要注意对学生进行学习目的性教育，培养学生的学习兴趣和责任感。慢慢地，学生在学习中就能自觉地按照老师指点的方法学习，形成良好的学习习惯。具体而言，老师可以从以下几个方面来指导学生养成良好的学习习惯。

第一，规范学生行为，对学生的行为习惯严格要求。对于学习习惯，老师要从一年级开始就提出要求，严格训练，逐步加以培养。全校要对学生听课、回答问题、作业时间、书写格式等方面提出规范性的行为要求。随着年级的升高，要求逐步提高；训练要严格，一丝不苟。更注意培养的连续性，全体老师都要统一行动，才能抓出成效。"冰冻三尺，非一日之寒"，一个好的习惯的养成绝不是一件轻而易举的事情，要靠严格要求下的反复训练。我们老师不仅要在课堂上严格训练学生，还要争取家长配合，在家中也同样严格要求孩子。久而久之，这些要求才能被巩固下来变成学生自己的行为方式。

第二，老师起到榜样示范作用，对学生言传身教。小学生的各种习惯起始于模仿，老师的示范作用对学生掌握科学的学习方法和形成良好的学习习惯有着极为重要的作用。作为老师，我们要注意示范引导，让学生看着做、学着做。在讲课时，要正确运用教学语言；在提问题、提要求、回答学生问题等情况时，语言要力求表达准确、简洁；板书和批改作业时，要书写工整美观，布局合理。总之，老师好的习惯，会对学生产生潜移默化的影响。

第三，用爱心来正面鼓励、谆谆教诲学生。我一直倡导"温情教育"，在我的理念中，要使学生养成各种良好的学习习惯，老师一定要坚持正面教育，多鼓励，使之成为学生的动力因素；同时采用夺红旗、争五角星、评优秀、举行作业展览等方法表扬优秀的学生。有时为了鼓励学生独立思考，对学生突出的学习表现，我会记上优分，及时鼓励、褒奖好的发言与好的解题方法。学生看到自己认真作业或独立思考取得好成绩后，自觉性和积极性就会格外高涨，按时、认真、细致完成作业和独立思考问题的良好习惯就会逐渐形成。

第四，家长会上，要给家长指导学生学习提出明确要求，对学生在家书写作业、预习和复习等习惯要求家长监督，取得家长的支持和帮助，这样学生的习惯培养会得到更好的效果。

总之，良好的习惯绝不是一朝一夕就能养成的。老师只有严格要求，坚持训练，耐心教导，及时指点，反复强化，持之以恒，才能帮助学生形成良好的行为习惯与学习习惯。正如著名教育家费恩曼所说："习惯仿佛像一根缆绳，我们每天给它缠上一根新索，要不了多久，它就会变得牢不可破。"到那时，好的习惯就一定能为孩子的成长保驾护航。

第三节　五育并举，
打造学生综合素质之树

2019 年 2 月 22 日，教育部网站发布了《教育部 2019 年工作要点》，其中第二大点明确提出"培养德智体美劳全面发展的社会主义建设者和接班人"。这一项目标为我们小学班主任的育人工作指明了方向。然而通过对多所小学以及班级进行走访和调研，我发现，学校和老师普遍存在重视智育而忽视德育、体育和美育的现象。针对这种不容乐观的现状，我开始思考，在实际工作当中该如何将学生培养成全面发展的人呢？回顾自己的班主任生涯，我一直秉承"温情育人"的理念，在实际工作中，我认为主要还是通过对学生温情引导和对班级温情管理来培养学生的综合素质。

一、德育为根，学会责任担当

陶行知说过这样两句话："先生不应该专教书，他的责任是教人做人；学生不应该专读书，他的责任是学习人生之道。""道德是做人的根本。根本一坏，纵使你有一些学问和本领，也无甚用处。并且，没有道德的人，学问和本领愈大，就能为非作恶愈大。"每个学校都提倡德育为先，我认为对这一点认识得最清楚的应该是班主任，其次是家长。所以我们老师在德育方面一定要同时对家长进行引导和教育，让家长明白，孩子的一切外显，包括成绩、交流等，其内因都与品德有关，一个人品德端正了，其他方面就不会糟糕到什么地步。只有争取家长的配合和支持，德育教育才能事半功倍。这是我们进行德育的一个大前提。

对小学生的责任教育应体现在日常当中，如早读、上课、课间、午餐、午托、放学等等。因此，一个负责的班主任一定要抓好班级学生的日常工作，在这个过程中培养学生的责任感。

（一）确定目标，贯彻常规

在每学期开学之前，作为班主任的我都要问自己四个问题：我要带出怎样的学生？我要带出怎样的班级？我的班级建设目标的关键词是什么？我要采用什么方法？比如在五年级上学期，我希望学生能全面、自信、高效，希望班级能够活泼向上，所以将目标关键词确定为勤学、上进，目标确定好之后，更重要的是付诸行动，在实际工作中实施，也就是将目标贯彻到常规教育当中。

我的常规工作可以分为"日工作常规""周工作常规""月工作常规""学期工作常规"。举个例子，我所任教的班一直有班级常规、班级口号、干部职责、值日安排等。这些不是我强加给学生的，是一开学经过全班同学讨论制定并学习过的，只有这样，学生才会自觉自愿地遵守。

比如，我们班每天都有专人对每一个专项进行检查记录和评比。早上来学校有检查校服、红领巾穿戴情况的，上课铃响后有检查课前准备的，午餐时有检查吃饭情况的，等等。对于这些检查，我们班采用的是定岗或轮岗制，定岗制的好处是责任到人，便于管理，劣势是学生锻炼机会不均等；轮岗制的好处是能让每位学生参与班级管理，得到锻炼，提升主人翁精神，但管理难度稍大。

所以根据学生具体情况，我会进行调整，基本要求是每位学生在班级都有一个定岗岗位，另外还有一到两个轮岗岗位。比如，班级的卫生值日工作，每人都有责任区域，从开学第一天就已经划分好了，大到负责教室卫生的、包干区卫生的，小到开关、电灯、空调的，让班级人人有事做，事事有人做。因为分工明确，所以我们班每次搞清洁都非常高效，大家各就各位清理好自己的区域就大功告成了。除了对学生的每日常规进行督促检查之外，我还会根据学生的年龄特征和实际情况设计专项检查周、专项评比月。比如，课前准备专项检查周、课间活动专项检查周、路队专项检查周、午餐午托专项检查周，等等，逐步培养学生的责任心。

（二）关注心理，培养自信

要让学生能够勇敢担当，心理健康教育是不可忽视的。苏联教育家苏霍姆林斯基说过："如果你能让每一个学生在学校里抬起头来走路，那你就是一个成功的教育工作者。"让每一个学生在学校里抬起头来走路，其实就是让学生树立自信心，感觉自己是班级里不可或缺的一员，产生班级归属感和认同感。我一直很注重培养学生的自信心，我认为即便是成绩特别差、表现不如人意的学生，也应该保护好他们的自信心。为了培养学生的自信心，我做得最多的就是提供各种展示平台让他们去展示自我。比如，每学期我都会在班级组织手抄报比赛、读书卡比赛、辩论比赛、诗词诵读比赛、演讲比赛、篮球比赛、写字比赛、环保知识竞答比赛、唱歌比赛、护绿比赛等。为了让更多学生得到锻炼，每一次比赛我都会对学生进行赛前动员和赛前培训，还会告知家长以引起他们的重视。对于一些我认为需要加强锻炼却有畏难情绪的学生，我会找他们进行个别交流，鼓励他参加比赛，勇敢地展示自己。赛后，我会及时将活动照片分享在班级 V 校平台，全校的学生、老师、家长都能看见，这对参与者是最大的鼓舞。有一些比赛，我们家长委员会还会为参赛者准备奖品。这样多管齐下，让学生在活动中获得自信。除了提供比赛式的平台，其实我们每个班还有一个长期的展示锻炼平台，可以说是最好的自信心培养基地，那就是班队课堂。我们班班队课的承包团队是不固定的，每一次的主持人、电脑助手、黑板背景设计等学生都可以自愿组队报名参加。比如五年级上学期，我们班就有接近 30 人在班队课上担任过主持、助手、背景设计等。虽然这并不是一些什么轰轰烈烈的大事，也不是什么大场面，但是对于小学生来说却是实实在在锻炼自信心的渠道。

抓好了每日常规、培养了学生自信，学生在责任担当这方面的素养一定能逐步得到提升。

二、体育为枝：参与、多能、一专

《教育部 2019 年工作要点》的第六条指出要"促进学生身心健康"，这和体育课程以及班主任老师的生活导向息息相关。曾有人演绎了一个"健康数论"：健康是 1，其他所有的东西，譬如事业、财富、爱情、婚姻等都是 0，有了前面的 1，后面的 0 才有价值，才越多越好；如果前面的 1 没有了，后面的东西再多也是 0。我非常认同这个观点。体育才能就像成长之树的旁枝一样使人生更丰满，视野更广阔。体育运动不仅能增强学生的健康意识，培养学生的纪律性、合作能力和意志力，还能让学生感受到体育的快乐和美感，增加生活情趣，为一生的健康生活打好基础。所以我对班级学生在体育方面的要求是"参与、多能、一专"。

（一）积极参与，感受快乐

为了切实提升学生健康生活的意识和素养，我班最低层次的标准是每个学生都必须参与体育活动，不管是从周一到周五的时间，还是周六、周日以及节假日在家里的时间，在学校有这个要求，在家里也有这个要求。我布置的暑假或寒假作业当中有一项就是每天运动一个小时。

（二）一专多能，提升技能

对学生体育方面的第二层次的标准是"多能"。对于一些较为普及的运动项目，我要求学生人人要学会，比如跳绳、踢毽子等。我还建议家长一定要让孩子学会游泳，因为游泳既是保护自己的手段，又是一项非常有益的体育运动，一旦学会，终身受益。

我对班级学生体育方面的最高层次的标准是"一专"。明德体育俱乐部就设在我们学校，这给想进行一项体育专业训练的学生提供了得天独厚的条件。所以，我一直鼓励并建议家长和孩子商量，最好让孩子参与一项专业的体育训练。从一年级开始，我们班有 20 多人参与了专业队训练，表现特别突出的有武术队的、足球队的、篮球队的、羽毛球队的。在运动会上和各项比赛中，他们屡屡为班级争光，为学校争光。这些学生在班级都有和他们专业训练对应的美称，比如"武林高手""铿锵玫瑰""篮球小子""羽坛新秀"，等等，这些美称给他们带来了荣誉感，也更加激发他们坚持下去。所以，我认为让学生学一项体育专业是有必要的，因为过程的艰辛和结果的甜美会教会孩子什么叫勇敢、什么叫坚持、什么叫团体。

三、美育为花：发现美、认识美、创造美

美育也称审美教育、艺术教育，是运用艺术美、自然美和社会生活美培养受教育者正确的审美观点和感受美、鉴赏美、创造美的能力的教育。它是人类完善自身、造就高尚人格、实现优美灵魂的人类工程学，是我们培养全面发展人才的重要组成部分。我一直认为，在人才培养的整个过程中，美育是必不可少的，也是不可替代的。

为了培养学生的美感，我主要从发现美、认识美和创造美这三个方面来着手。美育包括艺术美、自然美、社会美、科学美。

可能因为我自己是一个爱美的人，所以在生活中的各个细节我都比较重视美感。为了让学生在潜移默化中逐步树立正确的审美观，我在各个方面都注意引导。第一，我们老师要起到榜样的作用。比如，形象美，我觉得老师应该每天展现出端庄大方、干净利落的形象给学生，让他们知道：衣服整洁是美，发型合适是美，指甲干净是美，抬头挺胸是美，落落大方是美。除了外表整洁，一个人展示出来的内在美更为重要。作为老师，我们要时时刻刻表现出语言美、举止美，在学生的潜意识中树立一个具有美感的老师形象，以此来培养他们初步的审美观。

第二，在实践中培养学生的美感。作为班主任，我经常会带领学生进行各种各样的实践活动。这些活动也是进行美育的良好平台，比如手抄报、读书卡的制作活动。当第一次布置学生做读书卡的时候，我就先进行准备。我先收集了一批读书卡样板，并展示给学生看，让他们进行评价。然后，我将那些优秀作品的可取之处一一进行小结，比如：纸张大小合适、版面设计合理、主题突出、字迹工整、色彩鲜艳、图文并茂等。学生在欣赏美的过程中就对富有美感的读书卡有了初步认识，然后我再将制作优秀读书卡的步骤向他们进行讲解。"好的开始是成功的一半"，这样指导好第一次对今后有很大的帮助。之后，在每一次布置读书卡作业之后，我都会对学生的作品及时进行评比和展示，以此来强化这种善于表现美的行为。同样，在其他的一些实践活动，诸如班级文化的布置、班会黑板背景的设

计、表演时头饰的制作、节日贺卡的制作甚至拍照等方面，我都会细致地向学生进行指导，目的就是使学生形成正确的审美观。

第三，时时刻刻在生活细节中渗透美育。教育是一个长期而艰巨的过程，美感的形成也是如此，它蕴含在生活中的每一个细节当中。师生每天有绝大部分时间待在教室里，所以班级文化环境以及教室生活是教育的主阵地。从每天早上来学校的那一刻起，我就引导学生由外而内进行关注。比如，早晨，班级有专门进行仪表检查的同学，检查大家穿校服、戴红领巾、头发、指甲等情况，发现不够整洁的就及时提出并整改，在早读后花一分钟进行小结；下午也有专门负责整理课桌椅及检查抽屉整理情况的同学，对于不爱收拾的同学也会及时通报和教育。总之，我的目的就是培养学生创设优美的学习生活环境的能力。环境美、外表美这些只是外在的，更多的美应该是内在美，比如语言美、行为美等。"行动养成习惯，习惯形成性格，性格决定命运"，我们只有在日常小事中经常对孩子进行行为规范的教育才能逐步形成行为美。所以我对学生的行为细节关注比较多，发现问题就及时指正，既跟学生说明理由，又从行为上进行跟踪，让他们朝好的方向发展。

同时，我一旦发现学生出现问题就会及时跟家长沟通，向家长阐述我的观点和做法，以争取家长的配合。"幼儿养性、童蒙养正、少年养志、成年养德"，小学生正处在童蒙养正的阶段，因此，我们老师必须培养好他们基本的真善美的观念，使其养成初步的是非观。我们班的学生虽然调皮，但是都积极向上，知道什么是美、什么是丑，什么是对、什么是错。既能做到外表整洁，又能做到内在文明，我想这些美的观念在他们今后的生活中会产生积极的引导作用。

四、劳育为叶：尽职、合作、自主

大家都说劳动最光荣，劳动人民最伟大，我也一直认为，一个人只要勤劳、不懒惰，他创造幸福的能力一定会更强。劳动能力就像大树的叶一样，能力越强，这棵树越能长得枝繁叶茂。所以，在独生子女特别多的现在，对学生劳动能力的培养更不能忽视。

研究表明，小学生参加劳动好处很多，比如调解大脑、促进思维、增进亲情、培养责任感和独立能力等等。哈佛大学学者曾经做过一项长达20多年的跟踪性研究，得出一个惊人的结论：爱干家务和不爱干家务的孩子，成年之后的就业率为 15∶1，犯罪率是 1∶10，离婚率和心理疾病率也有很大差别。这些都告诉我们，培养学生的劳动能力至关重要。

《教育部 2019 年工作要点》中的第七条明确指出，"大力加强劳动教育"。由此可见劳动教育的重要性。我对班级在学生劳动方面的要求也分为三个层次：尽职、合作、自主。为了让学生增强劳动意识，从一年级开始我就对他们进行指导。刚刚入学的孩子还不太会扫地、拖地，但对劳动有着极浓的兴趣，因此我把学生分为五组，每组设组长和副组长，每天放学后负责的小组进行值日。在刚开学的两周，老师一定要手把手地教学生扫地、拖地的方法。这也是一项技能，能培养学生做事具有条理性和观察能力。

在教会了学生扫地、拖地之后，剩下的任务就可以交给组长了。学生毕竟年纪小，所以老师绝不可以撒手不管，每天要让组长及时汇报组员扫地的情况。老师还要结合每组的值日情况在班级及时进行表扬或批评，每周一校会上有专门的值日情况汇报时间，针对班级劳动方面出现的问题进行指导和整改，并定期评出优秀值日生、劳动小能手、最美值日小组等，期末设有专门的"劳动之星"奖项，通过这一系列的评价逐步培养学生做好自己分内的事，做到尽职尽责。但是培养学生的劳动能力单靠在学校扫扫地是远远不够的，所以，我要求班级每个学生都要在家里承担一项家务，并且建议家长要经常关注指导，如果孩子忘记或者偷懒时，不要图一时省事就不了了之，因为做家务的最大意义并不是做事本身，而是劳动意识和勤劳习惯的养成。虽然这可能只是很小的一件事情，但是它会在孩子心中埋下一颗种子。量变引起质变，劳动的次数越多，越会让学生觉得劳动并不难，等学生成年之后，他们就是勤劳的人，就一定能创造属于自己的幸福。

2018 年 9 月 10 日，习近平总书记在全国教育大会上强调："坚持中国特色社会主义教育发展道路，培养德智体美劳全面发展的社会主义建设者和接班人。"这就是我们班主任育人工作的指挥棒和风向标，我们一定要发挥自己的聪明才智，将教育贯穿于每一个生活和学习细节中，为培养出全面发展的社会主义建设者和接班人而努力奉献。

第四节　问题，是最好的课题

很多人喜欢用称职、优秀、卓越、名班主任这些名号来界定班主任工作，但我并不这样认为，我觉得每一个班主任都有自己的特点和长处，在责任心之外很难简单地用优劣来评价。比如，有的班主任很严格，那么班风一定严谨；有的和学生打成一片，那学生的自主性就能得到最大发挥；有的追求完美，那一定会有部分学生特别优秀，等等。而我觉得自己一直是个"问题班主任"，20多年里，自己身上出现的问题不少，工作中遇到的问题无数。

但我并不认为"问题"是一个贬义词，因为从某种角度来说，问题就是机会。那么，我们应该如何应对层出不穷的问题呢？

一、学术上的问题——学习

在第一章我讲述过，我初次踏上讲台任教的是我们县城唯一的特殊教育班，那个班是县里投资创办的，招收全县范围内的聋哑孩子以及有轻度智力障碍的孩子。那个班人数最多时有14人，最少时只有8人。

当时我参加了在长沙湘江师范学院举办的为期两个月的"特殊教育培训"，从特殊儿童心理学、教育学、手语等方面进行了认真的学习和训练。经过两个月的集训后，我正式踏上讲台。

在最初的那几年里，我除了懂得了教育离不开关爱，更深切地体会到"不断地学习是解决任何学术问题的法宝"。一直到今天，我还是坚信：一个人的学习力就是他的竞争力。因此，作为班主任，我们一定不要拒绝学习，尤其是学术上的问题，一定能从学习中找到答案。

二、方法上的问题——摸索

我深知，班主任虽然是世界上最小的官，却是对学生影响最大的人之一。我们的工作对象是心智还没有发育成熟的孩子，所以我们老师的一举一动、一言一行都可能对他们产生意想不到的影响。我曾经教过的一个学生写信给我，里面有一段话是这样写的："我永远不会忘记，在您上的第一节课上，您叫我起来回答问题。我站起来了，但不敢说话，因为我刚转学过来，而且说话有严重的广西口音，总是被同学们嘲笑。可是在您的一再鼓励下，我鼓起勇气说了几句，没想到您竟然在全班表扬我，让全班同学学习我的勇敢。您不知道，那一次的表扬给了我多大的自信，让我之后能够定下心来努力学习，逐渐进步……"

我当时读到这段话时感到很意外，因为对他所提及的细节印象并不是很深，但就是这样一个我们不经意的举动却给了学生巨大的自信。我又想起有一个朋友曾经说过，他对小学的某位老师心存怨恨，而且永远不会消除，究其原因就是当时顽皮的他被那位老师用最伤人的语言骂过，还被打过一耳光。他说那种耻辱刻在他的心上，只会越来越深，他心里永远无法原谅那位老师。当然这件事情并不排除这个学生没有宽容之心，但也警示我们，老师一定要注意对待学生的态度，尤其要注意自己的工作方法。如果学生感觉老师喜欢他，就可以说成功一大半了。

从那以后，我又通过几年的摸索，逐步树立和坚定了自己的学生观，那就是"教育孩子的前提是了解孩子，了解孩子的前提是尊重孩子"。说到学生观，我觉得每个班主任都要与时俱进，有几个错误的学生观需要引起我们的重视，即忽视学生的生命特性、忽视学生的生活特性、忽视学生的发展特性、忽视学生的差异特性。

作为称职的班主任，我们时时刻刻应该记住：学生是活生生的人，学生是生活中的人，学生是发展中的人，学生是具有独特个性的人。我们能做的，就是关注每一个学生，一切为了每一个学生的全面发展。

生活中、工作中从不缺少问题，也从不缺少方法，希望大家今后在遇到问题的时候不必太烦恼，因为"问题就是课题"。

还是那句话：请相信，成长比优秀更重要。

薪火相传

2015年5月15日，我们工作室成为一个全新的团体。这个团体共有17位班主任或德育工作者，分别来自13所小学。虽然大家的地理距离很远，但是工作室将大家的心凝聚在了一起。

自工作室挂牌之后，我校以最快的速度在校内进行场室挑选和规划。学校领导、后勤部门和我一起完成了工作室的设计和布置。这是一间宽敞的独立办公室，具备基本的办公条件，配置了专业书籍、信息化设备和系统，拥有无线网络，硬件设施一应俱全。同时，工作室经费也准时下拨。在学校领导和发展中心领导的引导下以及其他工作室主持人的帮助下，一切都井井有条地开展。

与工作室硬环境建设同时进行的是工作室的软环境建设——我与工作室的成员一起设计了工作室的标识，组建了便于沟通的QQ群、微信群，开设了工作室的微信公众号，并在此基础上讨论完善了工作室的各项制度，如《聂燕工作室会议制度》《聂燕工作室研修制度》《聂燕工作室考核细则》等等。

可以说，名师工作室的成立，让我的职业生涯进入了一个新阶段。

第一节　群英荟萃振翅飞

聂燕工作室的标识是以"聂燕"拼音的首字母大写"NY"为原型演变而成。"N"化为连绵起伏的巍巍青山，象征着班主任的育人工作犹如培育山林中的小树，也和"十年树木，百年树人"的理念高度契合；"Y"化为翱翔于青山之上的一只雄鹰，既象征着工作室会为每一位成员能展翅高飞搭建更高、更广的平台，又预示着老师们将尽己所能培育孩子，让他们在人生之巅绽放最美的色彩。

在组建工作室之时，我们成员之间彼此都很陌生，对于参与工作室的要求、目标、具体做法也都不太清楚。于是，我们工作室在组建初期首先开展了以下几项工作来为大家解除疑虑、消除隔膜。

1. 各位成员上交自己的简介、教育名言、照片、班主任工作方面的感悟。这样的形式既促进大家之间的认识和交流，也促使每位成员思考自己今后班主任工作的方向。

2. 我作为主持人制定工作室三年发展规划，并在此基础上指导成员们分别制定自己个人的三年发展规划。用这样的方式给工作室、给每一位成员确定目标、方向，力求工作更加有效。

在完成这几项工作之后，我们本着工作室应该是"成长的阶梯、师生的益友、研究的平台、辐射的中心"的宗旨，开展了多层次、多形式、有质量的班主任学习、研修、实践培训活动。为了引领成员们逐步形成自己的教育风格、凝练自己的教育思想，我们工作室主要从以下几个方面开展了工作。

一、加强学习，提高素质，加速成长

（一）强化学习，提高理论素养

先进的理论是班主任工作和德育科研的先导，没有先进的理论指导，一切都将是纸上谈兵。因此，加强学习，不断提高理论修养，始终占领本工作室工作的"制高点"。工作室组织成员理论学习主要采取集中学习和分散自学相结合、自主研修和专家引领相结合的形式，以理论熏陶的方式提升工作室成员的专业素养。作为工作室主持人，我不定期地向全体成员推荐阅读书目和文章，开展读书交流活动。每位成员基本四个月精读一本（一年读3本）与德育有关的专著或书籍，并撰写读书心得，定期开展读书交流活动，每人一年上交两篇教育随笔或德育叙事案例。两年来，工作室成员写出了多篇高质量的读书心得，逐步使读书成为一种生活习惯，从而提升自己的学识和修养。

此外，工作室也在能力范围之内采取"走出去、请进来"的方式，多次聆听专家学者的授课和讲座，为工作室成员的成长打下坚实的理论基础，比如，参加广州市举行的名班主任工作室交流活动；在深圳聆听李镇西老师的讲座；在珠海聆听专家李东生科长和优秀班主任孙明霞老师、陈万松老师、陈红波老师关于"精细化班级管理"的系列讲座；在区内聆听广州市班主任工作协会会长周建湘老师关于体验式班会课以及刘宇老师关于正面管教等的讲座，等等。

（二）实践磨砺，努力形成风格

"教育理论修养"和"教育实践积累"是一个优秀班主任必须具备的两个条件，正像鸟儿必须有两只翅膀才能飞翔一样。工作室要求所有成员做到既有理论修养，又有丰富的实践积累。近三年，工作室创造机会深入到成员所在的学校、班级，通过调查、听课、研讨等途径，鼓励成员通过在校内自身开课、开设讲座等形式和活动，相互学习，提高自身实践水平。

工作室还帮助所有成员在育人风格和特色上下功夫，让每位成员逐步寻找和提炼自己的育人艺术，进而形成自己的育人风格和育人思想。在三年里，每个成员每年分别开一节观摩班会课，从各方面促使学生健康成长。与此同时，成员们互相剖析，为准确定位自己的风格而不断探讨分析，接下来要做的就是如何巧妙运用自己的风格打造更有特色的班集体。

（三）积极参与科研，提高自身能力

"教而不研则浅"，课题研究是名班主任工作室的要务之一。我们工作室主要围绕省级名班主任胡灵莉工作室的课题"班主任在衔接阶段培养学生良好习惯的策略研究"，积极探索当前班主任应如何根据学生年龄特点制定更加合适的策略来培养学生的良好习惯，探索更加有效的德育途径。成员中有 7 人参与了各级别的课题研究，大家在沟通中互相学习，共同进步。

三年来，工作室成员荣获市级优秀班主任的有 5 人，获得区级优秀班主任或名班主任称号的有 9 人，所带班级获得区级以上优秀班集体的有 3 人，参与省、市、区级课题研究 9 项，在省级、市级刊物发表论文 8 篇。在工作室主持人和成员的带动和引领下，一大批青年教师正逐步成长起来。

二、加强常规活动，建立健全组织机构，扩大工作室影响

（一）常规例会，明确中心

根据实际情况，工作室坚持平均两月一次业务学习的例会制度。成员们在主持人组织下研究工作和学习，交流经验和体会，从而实现共同发展。因为成员们的学校比较分散，路途比较遥远，而且成员们的每周课时量和班主任是一样的，所以工作室将每月一次的业务学习安排在网络上进行。为了让每次业务交流都能产生实效，每一次业务学习都有一个中心议题。业务学习例会一般由工作室成员按照序号轮流主持，其他成员参与讨论，互相启发，并在成熟的时候对来自工作室以外的班主任开放，搭建研究教育、切磋育人的平台。

（二）学习研修，多管齐下

为了丰富成员们的理论知识，拓宽成员们的眼界，工作室积极创造条件，为成员提供广阔的展示与交流的舞台，让"名师"与成员、成员与成员互相交流、取长补短、共同进步。工作室组织成员开展系列培训研讨活动。这些学习交流活动，使工作室成员拓宽了视野、开阔了胸怀、增长

了见识。三年来除常规例会外，工作室共开展了 20 多次形式多样的活动，主要为专家引领、合作互助等形式。

（三）微信平台，扩大影响

名师微信公众号，既是工作室展示名师风采和成果的一扇窗口，又是一个学习交流的平台，起到辐射和交流的作用。工作室充分利用微信容量大、空间大、信息快的特点，将工作室活动公告及简讯及时上传，将名师工作室成员精品设计的读后感、随笔等通过平台进行展示和交流。目前，我们的微信公众号平台上共上传简讯、文章等 50 多篇，访问数量也在不断增加，产生了一定的影响和作用，也大大提高了工作室的凝聚力。今后工作室在这个方面还要继续加强，开设更多有用的专栏。

（四）阶段重心，不断探索

主题班会是实施德育的重要载体，班主任可以通过主题班会对学生进行思想教育、良好行为的养成教育以及综合能力的培养。但任何一种教育都不是一蹴而就的，不能指望通过一两次活动就能解决问题。同时，学生的成长也是一个渐进的过程，有一定的规律，无论是对行为规范、学习理念、心理健康、个人品质、励志素质，还是对团队意识、感恩父母、展示自我等方面的教育，都应该形成一个序列，需要长期反复交叉进行，贯穿小学六年乃至今后的求学生涯中。班会课是构建学生精神世界的重要阵地，班主任在设计时要针对不同年龄段学生的心理特点和每个年级的德育目标，将教育目的与学生实际发展水平结合起来，形成系列。

工作室逐步探讨研究主题班会活动在小学生意志品质培养方面所起的作用，通过上课、说课、研讨等形式，分别从教育目标的设立与达成、教育内容和策略的选择、教育即时效果等角度探索主题班会课的教育价值。全体成员利用假期休息时间认真撰写班会设计方案，完成了低中年级班会课设计方案，内容涵盖习惯养成教育系列、班集体建设系列、理解感恩系列、人际交往系列、环境保护系列，等等。工作室则在此基础上组织成员以及所在学校的青年班主任进行上课、评课、研讨，认真反思，修改完善，争取能结集成册，为青年班主任专业化发展提供业务指导等。

第二节　携手同行促发展

在担任工作室主持人的这段时间，我感触颇多。很长一段时间里，我既是工作室主持人，又负责南沙小学教育集团教师发展。这令我对名师工作室的功能，有了更深的体会。

就我自身的体会言之，我觉得名师工作室有以下四个职能。

一、提升老师的语文能力

作为语文老师，我们经常会把语文能力放在对学生的评价上，那在对老师的评价上是不是也应该将语文能力放在首位呢？我认为这是很有必要的。老师的语文能力会在潜移默化中影响学生。因此，我觉得不管是语文老师自己，还是一个教研组、一个工作室，甚至是一所学校、一片区域，都要有意识地训练语文老师的听、说、读、写能力。学校或教研组要通过组织朗诵比赛、钢笔字比赛、粉笔字比赛、演讲比赛、写作比赛等来促进老师练习基本功。我们可以采用"培训—练习—考核—比赛"四步法来提升语文老师的语文能力。以硬笔书法这一项为例。我们当时的操作是这样的。首先，我们做出硬笔书法培训的方案并告知参与者，同时给每一位参与者购买了正楷字帖。在练习之前，学校邀请书法老师对大家进行几节课的培训，然后布置每日练习任务——每天在字帖上练习 20 分钟并拍照上传到相应群里进行展示和评分，以督促参与者坚持练习。在练习两个月时间之后，我们就组织现场硬笔字比赛。用这样的形式扎扎实实来提升老师的写字水平。同样，粉笔字比赛、简笔画比赛、朗诵比赛都可以运用"培训—练习—考核—比赛"四步法来开展活动，切实提高老师的语文基本功。

此外，为了加强老师的写作能力，我们工作室采取了制度推动的方式，要求成员每学年最少阅读两本专著，撰写一篇案例、一篇读后感和一篇教学论文。组织这类活动最怕的就是流于形式，所以为了提高活动的实效性，让大家能够从这些活动中真正得到提高，我会先针对活动进行具体细致的说明和方法指导。比如阅读专著，我会给大家推荐一些书籍，在工作室管理制度条件允许的情况下为大家购买一些值得阅读的专著来促进阅读。再比如，在布置写案例、写论文的任务之前，我会先将相关指导视频、阅读材料、具体要求等资料发给大家进行自学研修，也会给大家留出充裕的时间来完成，基本都会在暑假或寒假前布置，开学后提交，也会将这些活动与各级各类的案例比赛、论文比赛进行整合。这样大家既能静下心来思考和撰写，也能发挥作品的最大功效。俗话说"台上一分钟，台下十年功"，虽然我们老师并不需要练就诸如唱功、武功之类的功夫，但是基本功对于每一位老师来说是傍身之技，也是判断课堂档次的一个重要标准，应该得到每一位老师的重视，应该常抓不懈。

二、训练老师的教学技能

除了以上提到的教学基本功以外，语文课的备课、说课、评课、命题等就是更加专业的教学技能。为了提升老师们的说课、评课、命题技能，工作室也采取了三步法——集中培训、组织比赛、自主练习。比如，为了让老师们能够准确地把握教学方向和教学重点，领会各学科、各学段所需掌握的知识点和技能，增强自主命题检测学生素养水平的能力，工作室组织了命题技能主题培训。我们邀请了荔湾区富有经验的教研员骆观金老师来为大家进行讲座。骆老师从命题准备、基本原则和注意事项等方面向老师们阐述了如何命制一份既符合大纲要求又能科学考查学生能力的试题。了解了方法之后要进行实际操练才能学以致用，所以我们要求老师们在认真阅读课标、细致研究教材的基础上进行本年级单元试题的命制，每个学期最少命制两套试题，用这样的方式来提升老师的命题水平。同样，为了让老师们能够真正了解如何进行文本解读和说课，我们组织开展了说课系列活动，主要分为"说课培训—写说课稿—视频说课—现场说课"四个步骤。

我们邀请了工作室指导老师傅荣教授给大家进行了"如何说课"的

主题讲座，让大家初步了解说课的主要内容和基本步骤，并且教给大家应该从哪些方面去进行思考和阐述，说出自己的特色。但是几个小时的讲座毕竟有限，所以，我们采用集中和分散相结合的研修方式。我收集整理出一套如何进行说课的系列材料让老师们进行阅读和自学，并在此基础上进行实践——组织视频说课比赛。每位老师根据自己本学期的教研课进行说课并录制成视频上交，我们再组织骨干教师进行评选和反馈。这样学练结合的形式取得的效果是比较明显的。但这样还不够，在此基础上，我们继续组织开展现场说课比赛，这一次的比赛是最能起到锻炼作用的。为了让比赛更有效果，我们不仅邀请了多位各学校的骨干教师，还特意邀请了王亚芸老师来当评委。在这一次的比赛中，比赛结果不是最重要的，让大家最有收获的是王亚芸老师的点评，她的更高的视野和更专业的眼光是参赛老师们最大的收获。除此以外，我们还将进行评课、教学设计等主题培训活动。

对于老师而言，最突出也最具挑战性的教学技能无疑是课堂教学。俗话说"站在岸上学不会游泳"，不断实践、持续打磨才是锤炼课堂教学技能的不二法宝。为了提升老师们的课堂教学水平，我们组织开展了一系列的课例研讨和展示，有低年段的识字阅读教学、中年段古诗教学以及高年段智慧课堂教学、绘本阅读教学、整本书阅读教学等等。这些课例的展示都不是随随便便、轻而易举地，操作过程基本是这样的，先根据大家的任教年段组成备课小组，里面有几位核心成员是固定的；组成备课小组以后就开始研读教材、进行教学设计；在大家群策群力将教学设计定稿之后就开始试教和磨课，基本上最少试教三次、修改四次，每次组织去听试教课的老师有几个是固定的，有几个是轮动的，这样是为了更多、更好地吸收建议，对教学设计更好地改进。我们这样做是为了尽最大努力给大家展示一节值得学习和借鉴的课例，也是为了让执教老师能够在这个不断突破的过程中既锻炼自己的胆识，又不断反思和提炼方法，最大限度地提升自己。这样的过程使参与者受益匪浅，在 2019 年"一师一优课，一课一名师"晒课活动中，我们工作室获得了一节省级优课、四节市级优课的成绩。

这些小小的成就让老师们对待事情更加精益求精了。

另外，为了有效提升老师们的实践能力，我们还经常采用角色转换和承担培训的方式来开展活动。我们老师既是学习者也是培训者，每位老师都可以选择一个自己比较擅长的主题来给大家开设讲座和培训。这样的方式既给每一位老师提供展示自己经验和长处的平台，把成果推广出去，也让主讲者得到锻炼。

三、增强老师的科研意识

要想成为研究型老师或学者型老师，参与课题研究是必经之路。但是在与大家交流的过程中不难发现，绝大部分老师对于课题研究都是"敬而远之"。其实，我对课题研究也是"一言难尽"，但是我想，如果工作室主持人都不能引领大家参与课题研究的话，那谁还能去啃这块硬骨头呢？于是，我结合自身工作中遇到的困难和广州市智慧阅读项目组的有关工作，申报了智慧阅读专项重点课题"家校合作提升小学生阅读素养的策略研究"。为了让老师们真正能从这次课题研究中提升科研能力，我决定和大家一起探索如何做。在第一次集中会议上，我向大家介绍了这个课题的选题背景、研究流程、具体做法和预期成果，并将接下去的工作做了分工和细致安排。

但是大家反映对一些阅读类别不是很了解，不知道该如何去实施。其实我对此也不是了解得很透彻，便去查找了一系列相关资料，整理出对我们课题研究有用的部分提供给大家进行学习。为了让大家通过这个课题研究能够在写作、上课、设计等方面的能力有所提升，我根据年段组织了不同主题的课例研究，根据类别进行了不同内容的阅读活动研究，根据关注点的不同进行了论文撰写。这样的方式既能按部就班地完成课题研究的主要任务，也让老师们在研究过程中得到最大的收获。

四、引导老师开阔眼界、坚定信念

都说"学高为师，身正为范"，社会总是以最高标准来衡量老师这个群体。我觉得这是无可厚非的，因为老师的品德、言行对学生的影响力是不容小觑的。因此，我总是引导老师们在树立良好师德的基础上还要开阔眼界、坚定信念。

首先，从高、从严要求自己，树立榜样。其次，多关注社会上和师德有关的一些热点事件，并结合自身进行反思，扬长避短。再次，我还让老师们时时记住以学生为中心的理念，多学习相关的政策法规、争做对待工作兢兢业业、对待学生细致耐心、对待家长有礼有节、对待同事热心帮助的好老师。最后，为了学习学科先进的理念、领略名师们的魅力，工作室也会在条件允许的情况下定期组织老师们外出观摩学习，让他们能够近距离接触名师，感受名师的风采，学习先进的理念，达到见贤思齐的效果。

我认为，既然我们选择了老师这门职业，就应该把它作为终生事业，就应该时时刻刻把学生的一切放在心上。独行速，众行远，希望优秀的老师们能够携起手来，努力提升自己的教学技能、打造自己的特色课堂，成为"眼中有光、心中有爱、脸上有笑、肩上有责"的优秀语文老师。我想，这就是名师工作室最大的使命。

第三节 硕果盈枝照学子

三年时间，工作室从无到有，从默默无闻到逐步辐射，我们都在尽已所能为一线班主任工作探索一条有效的德育之路。

在这个过程中，我们课题组成员一共发表了7篇论文，有4篇论文分别获得区级一、二、三等奖，有3个阅读活动设计方案获得市级三等奖，每一位成员都上了一节校级或区级公开课。除了用任务驱动的方法来督促老师们参与科研以外，我们还借助不同的平台为教师们提供更多的参与机会。广东教育学会为普通教师提供了课题申报的平台，我们学校也设立了校级"仁智"小课题的申报机制，我也不断鼓励成员们先学会课题或校级课题的申报和研究，了解课题研究的步骤和操作，等到有了一点经验之后再进行规划课题的申报。现在越来越多的教师进行了课题申报与研究，他们的科研意识逐步增强了。

以下，是我们名师工作室成员名单以及取得的部分荣誉。

名师工作室成员名单

姓名	学校	学历	职称	教龄
聂燕	南沙小学	本科	中小学高级教师	29 年
李桂红	南沙小学	本科	中小学一级教师	29 年
何丽华	南沙小学	本科	中小学一级教师	29 年
朱桂嫦	南沙小学	本科	中小学一级教师	27 年
霍爱花	大岗小学	本科	中小学一级教师	25 年
方燕璇	黄埔区九龙第二小学	本科	中小学高级教师	24 年
潘仿珍	东南小学	本科	中小学二级教师	23 年
朱艳霞	鹿颈小学	本科	中小学一级教师	23 年
黄苏妹	大田小学	本科	中小学一级教师	23 年
郭韵婷	南沙小学	本科	中小学一级教师	21 年
陈艳媚	南沙小学	本科	中小学一级教师	20 年

姓名	学校	学历	职称	教龄
罗敏妮	金洲小学	本科	中小学一级教师	20年
黄丽明	九比小学	本科	中小学一级教师	20年
李旭红	南沙小学	本科	中小学一级教师	19年
麦敏宜	麒麟小学	本科	中小学一级教师	17年
刘日妍	南沙小学	本科	中小学一级教师	17年
卢沛容	九比小学	本科	中小学二级教师	16年
袁玉莲	金隆小学	本科	中小学二级教师	8年

奖状

广州市南沙区南沙小学小学语文学科在2018学年南沙区"深度学习"学科单元目标现场设计评比活动中荣获二等奖。

参赛教师：陈艳楣、刘春红、彭秋平。

特发此证，以资鼓励。

广州市南沙区教育发展中心
2019年9月

奖状

南沙区南沙小学二年级3班在"21天读一整本书"活动中，表现优秀，被评为优秀班集体，优秀指导老师：刘春江。

特发此状，以资鼓励。

广东省教师继续教育学会
2019年3月

奖状

南沙区南沙小学梁峥、胡安琪、冯子淇、陈英向同学的作品Robin Hood在2019学年第一学期南沙区阅读素养提升工程系列活动暨第七届英语节小学一六年级创意阅读制作评比中荣获一等奖。指导教师：郭韵婷

特发此证，以资鼓励。

广州市南沙区教育发展中心
2020年1月

奖状

南沙区南沙小学林蓉慈、曾楚芝、翁子优、陈晓彤同学的作品The Tin Soldier在2019学年第一学期南沙区阅读素养提升工程系列活动暨第七届英语节小学一六年级创意阅读制作评比中荣获二等奖。指导教师：郭韵婷

特发此证，以资鼓励。

广州市南沙区教育发展中心
2020年1月

奖状

南沙小学 陈艳楣 老师的 五年级下册第八单元《风趣幽默智慧问题》教学设计 在2020年南沙区小学语文"深度学习"单元教学设计评比活动中荣获 叁 等奖。

特颁此状，以资鼓励。

广州市南沙区教育发展中心
2020年7月

证书

以下作品获评为2019年广州市"一师一优课、一课一名师"活动市级优课，特颁此证，以资鼓励。

作者：郭韵婷

单位：广州市南沙区南沙小学

作品名称：Let's talk

广州市教育局
2019年12月1日

证书

以下作品获评为2019年广州市"一师一优课、一课一名师"活动市级优课，特颁此证，以资鼓励。

作者：何丽华

单位：广州市南沙区南沙小学

作品名称：望庐山瀑布

广州市教育局
2019年12月1日

参与证书

活动名称：第五届广州市小学英语"爱阅读·有创意（We read · We create）"读书写作活动

作品名称：Adventure at Sea

送作学校：广州市南沙区南沙小学

读书小组：林焯艺 冯嘉妍 李嘉雯

辅导老师：郭韵婷

广州市教育研究院
2019年12月31日

CERTIFICATE
OF HONOR
荣誉证书

李旭红 老师

撰写的《用心灵赢得心灵》案例，在"中国好老师"公益行动计划·2018年度全国优秀育人案例评选中，获得 三等奖。

特此证明。

荣誉证书

广州市南沙区南沙小学 彭秋平老师的《智慧教学环境助力小学语文深度学习》在2019学年南沙区教学论文评比活动中荣获三等奖。

特发此证，以资鼓励。

广州市南沙区教育发展中心
2020 年 1 月

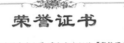

荣誉证书

广州市南沙区南沙小学 李旭红老师的《家校同合作，阅读好习惯》在2019学年南沙区教学论文评比活动中荣获三等奖。

特发此证，以资鼓励。

广州市南沙区教育发展中心
2020 年 1 月

南沙小学 聂燕、彭秋平、朱桂媂、黄淑敏 老师的 四年级下册第三单元《品读·感悟+创作》教学设计 在2020年南沙区小学语文"深度学习"单元教学设计评比活动中荣获 二 等奖。

特发此状，以资鼓励。

广州市南沙区教育发展中心
2020年7月

南沙小学 二（1）班 吴嘉智 同学创作的《池上》在2020年南沙区小学生诗配画比赛活动中荣获二年级三 等奖。

　　指导老师：聂燕
　　特发此状，以资鼓励。

广州市南沙区教育发展中心
2020年7月

南沙小学 二（1）班 陈思瀚 同学创作的《春夜喜雨》在2020年南沙区小学生诗配画比赛活动中荣获二年级三 等奖。

　　指导老师：聂燕
　　特发此状，以资鼓励。

广州市南沙区教育发展中心
2020年7月

南沙小学 二（1）班 陈绝晴 同学创作的《锄农》在2020年南沙区小学生诗配画比赛活动中荣获二年级二 等奖。

　　指导老师：聂燕
　　特发此状，以资鼓励。

广州市南沙区教育发展中心
2020年7月

证 书

以下作品获评为2019年广州市"一师一优课、一课一名师"活动市级优课，特颁此证，以资鼓励。

作者：刘日妍
单位：广州市南沙区南沙小学
作品名称：晏子使楚

广州市教育局
2019年12月1日

第四节　和谐同舟润教涯

　　回看这几年的主持人生涯，除了充实、辛苦、收获颇丰之外，我也有了许多属于自己的感想和体会，毕竟，从无到有组建一个工作室是很不容易的。因为名师工作室属于学术团体，而非行政组织，所以对于很多成员学员来说约束力和驱动力可能不够强，这就会给组织开展活动增大难度。

　　如果总结一下我这几年的经验，概而论之，我认为办好一个名师工作室，需要注意以下几点。

一、前期准备要周密细致

　　"再小的个体，也有自己的品牌"，这是一句宣传语，我觉得它同样适用于我们工作室。在工作室组建初期，我们要有针对性地写好几个计划、制定几项制度、做好几个表格。几个计划包括工作室三年规划、工作室年度计划、成员三年发展规划、成员年度计划；几项制度包括工作室会议制度、研修制度、考核制度、档案制度、财务制度等等；几个表格包括成员基本情况表、成员三年规划表、年度发展规划表、成员个人获奖统计表、成员考核表、论文专著发表登记表、课题情况记录表、活动签到表等等。以上这些资料既是我们不可或缺的过程性资料，也是期满考核时需要提交的佐证材料。

　　同时，我们还要建好社交群组，包括微信群、QQ群、钉钉群，这几个群各有所长。主持人最好在人员名单确定好之后就通过电话和大家建立起联系，尽早地进入角色，这样有利于后段工作的开展。为了扩大工作室的影响力，也为了能够及时完整地记录下工作室活动的相关素材，我们还必须在南沙教育云平台设置工作室网页并及时将资料上传。

　　除了准备这些必备的文档材料以外，我们还要进行工作室场地的选择和布置。选择好场地后还需要充实以下素材：会议桌、书柜、与专业相关的书籍、电脑或手提，如果更加齐备一些还可以配备录音笔、照相机、打印机等等，但是必须在学校财务允许的范围之内操作。墙面上贴有工作室的相关制度、主持人和成员的照片及个人简介等。如果要做得更加规范、有个性一些，还要进行本工作室的文化建设，比如工作室的理念、名称、标志、工作室小报，甚至还有一系列的文化用品等等。

二、挂牌会议要规划清晰

做好了这一系列的筹备工作以后就可以准备召开工作室第一次会议了。第一次会议算是工作室主持人和成员代表的第一次见面。我们经常说"好的开始等于成功的一半"，所以第一次会议尤为重要。这次会议主要是让大家尽可能做到"了解制度、了解成员、了解计划"。所以，主持人除了要向大家介绍清楚工作室的一些规章制度、三年计划之外，最主要的是要让大家之间尽快熟悉，可以设计一些自我介绍、团体活动等等类似于破冰行动的环节。之后，还要组织大家进行年度计划的学习。在年度计划中，主持人要根据自己的理念确定研究方向，然后围绕这些理念和方向进行一些公开课、讲座、外出学习交流的活动设计。在进行活动设计的时候，我们要考虑以下几个因素：时间跨度、活动类型、人员分配。

因为我们工作室的成员来自不同学校，要集中起来开展一次活动很不容易，而且市级、区级、校级也会有教研活动要求他们参加，所以我们工作室活动频率并不高，最多一个月一次集中活动。活动的类型应该丰富一些，可以有课例展示、专题讲座、主题沙龙、外出学习、经验交流、实地参观等等，形式可以线上、线下相结合。这样既能让成员们学到理论知识，又能让他们在外出学习中提升实践能力。每次活动都有主要负责人，所以要注意人员的分配。我们每个工作室的成员大概是8—10人，所以要尽量人人有事做，事事有人做，尽可能做到机会均等、责任共担。

为了做到民主和集中相结合，我们在自愿报名的基础上由主持人进行统筹。我们工作室就是这样操作的，我在开学之前计划好本年度的研究方向和理念，在此基础上规划好每次活动的主题，再进行活动安排，安排时会征求成员们的意见，看看自己最擅长的是哪个主题，确定主题和人员之后就确定时间，然后各自准备，只要不出意外情况，之后的活动按部就班地如期开展就可以了。比如，在我的区名班主任工作室活动中，我们围绕优秀班主任必备的八大素养进行班会课展示和讲座活动的设计与安排。而在我的名教师工作室活动中，我们主要围绕阅读教学、古诗词教学等不同主题来进行设计与安排。这样既让我们的工作变得有条不紊，又让每一位成员在准备素材、开展讲座的过程中得到展示和锻炼。因此，工作室的第一次挂牌会议有提纲挈领的作用，一定不容忽视。

三、活动设计要全盘考虑

在第一次会议上，工作室的年度计划基本敲定了，各项活动也基本安排好了，那我们是不是就可以万事大吉了呢？当然不是，如果说总的计划是一条主线，那么工作室的每一次活动就是一颗颗珍珠，只有组织好每一次活动，这条项链才具有光彩和生命。那我们组织活动时需要注意什么呢？

工作室活动基本分为本地活动和外出活动，可以分活动前、活动中、活动后这三部分来进行分析。首先说说在本地开展的活动。这类活动分为两种，一种是"请进来"，就是邀请专家、同行来给我们进行培训和讲座，在操作时一定要向学校财务问清楚具体细节再着手准备；还有一种就是由我们成员自己承担的活动。不管哪一种，我们在每一次活动之前都必须制订一个详细的活动方案，里面所涉及的方面越细致越好，包括具体时间、地点、参加人员、需要准备的物品及负责人、摄影人员、撰写简讯人员、需要大家配合的事情和需要提交的资料等等，还有一个更重要的就是要对活动承办者的教学设计或者讲座内容进行指导和改进。准备越充分，活动就越顺利。

在活动过程中，主持人要眼观六路、耳听八方，看看是否有需要自己处理解决的问题、有没有需要调整的环节、大家的参与度高不高、活动承办者的表现如何、有哪些还需要改进的地方等等。活动结束之后还有一系列后续工作要完成，比如活动小结、照片整理、简讯撰写、心得体会的收集等等，既要让活动效果最大化，又要为汇总工作室成果做好前期准备。

对于外出活动，主要是需要注意一些事项和基本操作。为了接受最前沿的教育理念，观摩名师大咖们的先进教学方法，很多工作室会组织外出观摩和学习活动。组织外出学习对于主持人来说是一项考验，因为主持人既是安全责任人，又是活动策划人，还是联络员、报账员等等。为了选择含金量高、针对性强的活动，我们主持人平时要注意关注一些知名教育机构平台发布的活动计划和通知，比如"现代与经典""名思教研""新班主任"等等，这些机构基本会在每年的三四月份做好年度活动计划。主持人可以从中选择，在自己选择和征求成员们的意见的基础上确定好参加哪一次，然后写呈批表。呈批一定要有提前量，最好能提前 20 天开始着手。因为从学校到发展中心到教育局层层审批是需要时间的。而且因为涉及报账问题，所以一定要将所有情况告诉学校财务，问清全部的报账流程和注意事项之后再来做方案和写呈批表。在活动之前，主持人还要规划好学习任务，安排好各项资料收集人员。还是那句话，要人人有事做，事事有人做。在活动过程中，我们首先要注意安全问题，要有组织、纪律性；其次要让大家既能收获知识又能收获友情，在大家共同学习、共同交流的过程中提升工作室的凝聚力。活动之后，我们在确保每一个人安全到家后把该整理的资料汇总好并在后续的活动中做到学以致用。

四、给予帮助要竭尽所能

区里组建名师工作室是为了让主持人等人好的理念、好的教法价值最大化，使其发挥辐射引领作用，各位成员选择主持人也是为了在工作室能够获得提升和发展，因此工作室一定要为成员、学员的成长提供力所能及的帮助。"立己达人"是我一贯的理念。那工作室怎样给成员和学员提供最有效的帮助呢？我觉得既要有精神层面的，也要有物质层面的。

一方面，凡是能主动报名参加工作室的老师绝对是有自己的事业追求的，一定是希望能够成为一名优秀的人类灵魂的工程师。大家是一群有共同理想的人，携手前行，所以，我们要运用活动比赛、课题研究、课例展示、专题讲座等方法汇集大家的智慧，提升专业技能，让大家在精神上得到养分。比如，我的工作室主要是通过任务驱动来帮助老师提升语文能力、训练教学技能和增强科研意识；让大家经过三年的锻炼与学习能够在专业上有所突破。

另一方面，为了让能力提升得到体现，工作室成员学员一定要多看书、多写作，参加各级各类比赛、评比等。比如，我们工作室成员每年都要阅读三本以上的书籍并撰写读后感，每年必须撰写一篇以上的论文或教育故事、上一节校级以上的公开课或开设一次专题讲座、都要参加"论文比赛""一师一优课""骨干教师骨干班主任评选"等，从而让大家的才华得到体现、得到认可，也为自己的职业发展积累成果，为晋升职称做好充分准备。

五、如何在全区发挥示范引领辐射作用等

"如何让工作室在全区发挥辐射引领作用"这个问题其实一直困扰着我，因为我们能力有限，既缺乏一呼百应的号召力，也缺乏值得推广的核心技术，所以只能在有限的范围内发挥作用。我们可以从以下几方面来努力。

（一）扩大活动覆盖面

为了能听到更多同行的建议，扩大工作室的影响力，让成员们登上更大的舞台，我们尽量扩大活动的覆盖面，一般会邀请集团内各学校、结对帮扶的各学校、成员所在学校等学校的老师们参加。

（二）工作室联动

为了学习其他工作室的优秀经验，促进老师们之间的交流，我们会组织开展一些工作室联动。比如，我的名班主任工作室就和中学的万少芳名班主任工作室、詹高照名班主任工作室、刘顺宜名班主任工作室一起开展过活动，达到互相学习、共同促进的目的。各个工作室可以相互组成工作

室联盟，今后共同组织活动，取长补短，互相学习。

（三）承办区教研会活动

我们工作室是区里给予我们机会组建的，理所当然要为南沙区的教育教学做出贡献，所以我们可承办一些区里教研会下达的比赛、活动等。比如，区里的班主任技能大赛都是让名班主任工作室来承办，各个教研会也会将一些区级比赛、区级活动委托给某个工作室承办，这些既是我们的责任和义务，也是锻炼成员们工作能力的一种方式，更会在无形中扩大工作室的影响力。

总而言之，将方方面面把控好，做到巨细靡遗，工作室的工作才能够游刃有余地开展。

第五节　心存敬畏终不改

在我心里，无论是过去、现在，还是未来，我都只是一名普通的南沙教师；可在许多同行与家长眼中，今天的我似乎并不普通，因为我的头上已经有名班主任、优秀教师、高级教师等众多光环。但我没有因这些荣誉而自满，反而因这些荣誉而感到肩负的重任。因为我知道，如果没有南沙区浇灌出的这片教育沃土，没有南沙基础教育放眼国际的远大抱负，没有南沙小学山海文化、仁智教育的引领，我的事业梦想就只是无本之木、无源之水。

想起当初，刚来到广州南沙小学，我不止一次对自己的选择表示怀疑。就在我心情低落时，学校领导的一番讲话鼓舞了我。他说："幸福要靠我们自己追寻，南沙的美好在未来，南沙教育的未来在我们！"

是啊，"知识决定命运，教师成就未来"，这不正是我教育生命存在的意义吗？这不正是我从事教育事业的初心吗？

或许是因为心中有了这份追求，我的工作与生活悄然改变。正是怀着这份信念，我砥砺前行，把教育当成终生的梦想与追求——我从孩子们清澈的眼眸中汲取力量，从同事们殷切的鼓励中获取动力，从领导们铿锵的话语中摄取能量，从南沙区阔步的前行中获得资源。就这样，曾经的陌生变成了熟悉，曾经的沮丧被温暖替代，我在教育的梦想之路上越走越坚实，越走越宽阔……

在广州南沙区委、区政府对教育事业的高瞻远瞩之下，和我一同在教育梦想之路上奋力前行的还有我身边的同事们，还有全南沙区的同行们——异彩纷呈的教师培训让我们练就扎实的基本功；多姿多彩的交流活动使我们开阔了见识和眼界；上级领导无微不至的鼓励与关怀让我们心存敬意和感动；一项又一项切实有效的工程为我们树立了一个个时代的楷模……见贤思齐，见不贤而内自省，在一天又一天的不断学习、不断反思中，我们离梦想愈来愈近……

时光飞逝，19年过去，一切都变了。我们从青涩的年轻教师成长为优秀的教育工作者，南沙小学从一所名不见经传的小学一跃成为省文明学校。南沙教育更是经历了破茧成蝶般的蜕变——在区委、区政府的正确指导下，在社会各界的通力合作下，在广大教师和教育工作者群策群力下，南沙区的中小学、幼儿园如雨后春笋般茁壮成长；教育落后已成了过去；人才引进、名师培养、国际化教育……一项项挑战吹响了号角，"凭高而立，向海而生"的理念激励着一批又一批有志之士立足南沙，放眼世界，为培养优质的全能型人才而上下求索。

但一切又都没有变，因为我们仍然坚信：知识决定命运，教师成就未来。我们将牢记习近平总书记的教诲，做有理想信念、有道德情操、有扎实学识、有仁爱之心的好老师。请相信，每一天清晨，我们都会带着"南沙教育的未来在我们"这份执着，开启新的征程，

教育是极其严肃的伟大事业，我们又怎能不常怀敬畏之心呢？于是——对于课堂，我心存敬畏，每天晚上必须准备好第二天的课程才能安心睡下，唯恐自己的一次错误会导致孩子对知识的误解；对于家长，我心存敬畏，他们提出的每一个意见、每一个建议，我都会仔细考虑再做定夺，生怕自己的一次草率会浇灭他们对教育的热情；对于学生，我心存敬畏，总是尽己所能让他们在接触每一个新鲜事物时有一个好的开始，让他们懂得，在老师心目中，每一个孩子都很重要，唯恐自己一个敷衍的眼神刺伤孩子敏感的内心；对于落在我身上的每一项任务，我心存敬畏，总是竭尽全力去完善，生怕自己的将就会让信任我的人感到失望……也许正是这种常怀敬畏之心的虔诚，促使我无法停下前行的脚步。正是敬畏促进我的成长。

2015年5月，从成为名班主任工作室主持人的那一天开始，我内心便升腾起一种无比神圣的使命感，更加掂量出"学高为师，德高为范"这八个字的分量。工作室在教育发展中心的引导下、在学校领导的支持下、在工作室小伙伴们的配合下，组织开展了一系列活动，引领着一批年轻班主

任正逐步成长起来。

同时，在一次又一次的反思和自省中，我更加清晰地看见了前行的路——作为一位名班主任，应该是学生心目中的一盏明灯，是班主任队伍中的行动先驱；应该是学校德育工作的研究者，是区内教育事业的推进者……只有永葆这份信念，才能让我保持干劲、厚积薄发。

因为信念，我充满力量。

教影拾遗

犹记得 2009 年 9 月 18 日，华南师范学院刘良华教授在黄阁小学进行了一场专题讲座。对于刘良华教授，我早有耳闻，听说他特立独行、幽默睿智。在认真聆听了他的报告后，我深觉从中获益良多，尤其是他对"教育叙事研究要素"的剖析。

当时和其他小组一样，我们同样开展了几次小组活动。通过请教、交流，大家对如何选择课题和开展课题有了更清楚的认识。记得我们组的指导老师陈志雄老师说过，我们作为一线的老师，一定不要认为做课题和教学常规是冲突的。

我们可以选择自己教学中发现的问题作为小课题，自己努力解决问题的过程就是做课题的过程，将整个过程中的预设、学生反应、自己的反思以及改进措施记录下来，其实就是最好的课题资料了。这也就是大家常说的行动研究，一句话，就是边做边改，直至成功……

这一章节中，我摘录了几个我在多年教学过程中发现的典型实例，通过我本人的观察与应对，阐释我"温情至上"的教育理念和"不饶自己，不饶点滴"的教学态度。

第一节　做一个教学中的有心人

作为一个有着近 30 年教龄的语文老师，我越来越觉得，在教学中留心与思考，至关重要。我曾对全班学生进行了几次综合性的语文能力测试，并逐一记录下每个学生每一种类型题目的得分率，然后对全班进行细致的情况分析。根据多次分析的结果，我发现，直接影响我班学生语文水平高低的一个重要因素就是阅读能力，其中包括对题意的把握和对短文的理解。

可是，这其中还隐藏了一种有些反常的现象，那就是有些阅读能力强的学生同样出现了丢分严重的现象。带着疑惑，我找出他们的试卷，对他们的答案进行二度分析。结果发现，制约他们水平的其实是一种答题的能力，也可以说是一种答题的技巧。于是，我针对这种现象，想方设法来提高学生的答题能力，并决定以此作为我的课题，暂时取名为"提高小学四年级学生语文阅读题答题技巧的策略"。

"他山之石，可以攻玉"，我首先做的就是去查找相关资料，却失望地发现，对于"提高学生阅读题答题技巧"这一做法基本出现在初中和高中，在小学范围内是一个空缺。无奈之下，我只好靠自己摸着石头过河了。

我多次研读新课标中对中年级学生阅读能力的具体要求和《广州市义务教育阶段学科学业质量评价标准》，做到将学生的阅读能力目标烂熟于心，这样，在平时的教学中才能做到有的放矢。比如，新课标中提出：四年级学生要能初步把握文章的主要内容，体会文章表达的思想感情，初步感受作品中生动的形象和优美的语句。围绕这些目标和要求，每学一篇课文时，我都会在课堂上进行针对性的讲解和训练。例如，在培养学生概括主要内容能力方面，我采用递进式的方法，先用填空的方式来概括全文，让学生发现概括内容的基本要素；然后引导学生自己试着概括，而当出现"说得不完整""语言不简练、不规范"等问题时决不听之任之，必须找出其中的原因和改进的方法。

但是，课堂上的讲解和训练远不能保证答题的正确率，因此，接下来我做得最多的就是紧扣每种题型，教给学生相应的方法，并培养他们良好的答题习惯。比如，为了体现阅读的个性化，经常会出现这种题目："你喜欢文中的谁？为什么？"

举一个例子，假如是描写秋天的短文，题目中就会问："你喜欢秋天吗？为什么？"我发现学生在回答此类问题时有两种不良习惯，一是直接写"不喜欢"，二是回答"喜欢"，但在写理由时却敷衍了事，写的内容与短文无关。根据反馈信息我发现，出现第一种现象的学生有的是实话实说，有的是因为懒惰。课后，我问他们："你觉得作者笔下的秋天美吗？"他们回答"美"。我再问："你不喜欢美的事物吗？"他们回答"喜欢"。然后我再告诉他们，阅读题是在阅读短文后才做的，内容一定要和短文有关，因此在答题时千万不能抛开短文不管，这是必须养成的一种良好的答题习惯。

从那以后，此类学生在回答这种主观性问题时都能做到联系短文内容来作答。为了检查学生"领悟体会文章"的能力，试题中还经常会出现让学生找出文中"描写优美"的句子，并写出这样描写的好处。通过对学生试卷的分析，我发现大部分学生能找到相关句子，但是在写好处的时候就只会笼统地用"生动具体"来回答。针对这一点，我对学生进行了细致的讲解，并引导他们归纳出了一套基本思路和答题模式。在做这类题时，先判断句子是否运用了修辞手法，是否运用了好的词语，句子所表现的是什么事物的什么特点，在分析清楚之后，再组织自己的语言，用句式"因为这句话运用了 _____ 的修辞方法，表现出了什么事物的怎样的特点，写得具体生动"。学生在经过几次专项的训练之后，就基本能运用完整规范的语言来回答这类问题了。

在对学生进行了一系列典型题型的训练之后，他们的答题习惯有了明显的好转。然而这时候，又有一部分学生因为过于细致而出现了答题速度慢的现象。于是，为了提高他们的阅读速度以及综合运用能力，我又开始了严格的"强化训练"，将每天午读的 15 分钟定为"阅读练习一刻钟"，每天选定一篇比较典型的阅读题，让学生认真练习，并且立即批改，然后进行有针对的讲解。

按照以上方法，我们在坚持了半个月之后，迎来了本学期的期末考试。批改完试卷后，我同样进行了细致的试卷分析，发现学生阅读题的得分率比较令人满意，其中课内阅读题的合格率是 91.11%，课外阅读题的合格率是 95.96%，均高于其他班级。

所以，还是那句话，要在教学中做一个"有心人"，在解决学生学习上的问题时，一定要多观察与思考，才能够真正地切中要害，让学生的成绩出现质的飞跃。

第二节　由慢变快

　　曾经，在一次期末考迫在眉睫的关头，我意外发现部分学生因为速度慢而直接影响其在考场的发挥。因此，我用了将近半个月的时间来解决这一问题，并断断续续地记录下了探索研究过程当中的点点滴滴。

6月10日　星期三　晴

　　今天进行了第一次模拟考试。我对孩子们一直是有信心的，他们虽然有些调皮，但是在学习上可以称得上是一丝不苟，这也得益于我时时刻刻的严格要求，因此直到现在，他们的成绩从未得过第二。我为之骄傲。

　　一大早，我匆匆拿着早餐赶往教室，指挥他们上好厕所并摆好座位，然后交代班长带读，一切打点妥当才离开。

　　因为只是模拟考试，所以我并未放在心上。直至中午放学时，"投诉大王"港生说："老师，考试时凯斌的作文没写。碧琪更惨，她连阅读都没有做。"我一听，只感觉血往头顶上涌。我知道他们动作慢、注意力不集中，也做好了他们不能按时完成的心理准备，但是听到他们竟然连作文都没动笔时，我简直无法控制自己，太出乎意料、太令人失望了！我强忍着心中的怒火，在校讯通上发信息将情况如实告知了他们的家长并请求配合教育。午休时间，我躺在床上，紧闭双眼，一动不动，但脑子里纠缠着千万个难题：他们的这个问题不是一天两天了，没有一次考试我不提醒，可今天却有过之而无不及，该怎么办？如果再出现这种情况该如何？时间那么短，还有挽救的余地吗？……我一丝睡意也没有。

　　下午流水改卷，我照例改作文，最后才改到我们班。一看，岂止两个学生没有完成？琛悦、子贤、刘龙、智辉、昭霖、自强、伟东、乐同……甚至连平时思维敏捷、动作迅速的学贤也差一句才完成作文！看着那一大片一大片的空白格，我的心一点一点往下沉。怎么回事？他们是真的那么慢，还是我的要求不对？或是试题太多、太难？是我的教育方式出错了吗？就算像罗老师说的因为有同学呕吐而耽误了时间，也不应该出现这种"惨状"啊！我应该反思一下了。

放学后，我留下了动作最慢的三个人，分三个时间段对他们进行了动作敏捷度的训练，发现他们写字的速度并不是那么慢，三个人均在 10 分钟内抄完了大约 250 字的文段。但是如果让他们在无人监督的情况下写作文，那情景就惨不忍睹了，二三十分钟过去，竟然只写了一两行！其主要原因就是注意力容易分散。不行，这样怎么行？明天开始，每天进行速度训练，就这么定了！希望能有效果，我也相信一定会有效果。

6月11日　星期四　晴

源于昨天的"考试速度"问题，今天下午我用 90 分钟让全班同学测试了一套原本标示 120 分钟的题目。我倒要看看，他们的"病根"究竟在哪里。整个考试过程中，我只讲了四方面内容——开考前说明、读听力题、还剩 30 分钟提醒、还剩 15 分钟提醒。时间一到，立马收卷。

在考试过程中，我一边改作业，一边观察孩子们的情况。教室里异样的安静，只听见风扇的呼呼声，我反而有些不习惯。看看孩子们，个个伏案疾书，史无前例地投入。大概过了 30 分钟，已经有部分学生开始写作文了，中间几乎没有任何停歇。我又看看碧琪，她在一张纸上涂画着什么，一副若无其事的样子。隐约看见她的试卷还留着大片空白，我强按捺住怒气；转过去看凯斌，和以往的某些时候一样，他眼神空洞地望着远处，若有所思……持续了几分钟，凯斌的视线转移到我身上，发现我在望着他，他才回过神来继续答题。看到这一切，我在心里说："没的救了。"可为了信守诺言，我什么也没说。

"时间还剩 30 分钟。"我的话音刚落，就听见有学生说："啊，吓死我了，我还以为到时间了。"短暂的骚动后，大家继续埋头答卷，那几个我特别关注的人物也没有丝毫松懈，只有碧琪不紧不慢，依旧停留在阅读题部分。我暗暗摇了摇头，叹了口气。而大个子智辉始终没抬起头，一直在拼命写着。

"时间还剩 15 分钟。"那几个受特别关注的学生明显紧张起来，动作夸张地完成试卷的最后部分。直到这时，碧琪才仿佛从梦中醒来，在试卷上狂书……

"时间到，收试卷。"直到这最后时刻，智辉才放下笔，任由组长收回试卷。而碧琪也夸张地喘着粗气，像刚刚跑完 800 米的样子。

我稍微翻了一下试卷，大部分做得不错，但昭霖还是不合格。而此时，突然收到教育局通知，我们年级的语、数、英三科都要参加抽测！看来，三年级的学生面临的日子将是"黑色"的了。

6月12日　星期五　晴

今天全方位投入紧张复习。一早，我回到学校，迅速吃完早餐，准备上第一节课。内容我昨天已经想好了，就让学生复习生字词，然后过关检测。铃声响起，看到他们迷茫的表情，我不得不又做起了思想工作："一分耕耘，一分收获。现在是我们最紧张也最辛苦的时候，我相信，意志坚强的孩子一定能挺过去，那么迎接你的将是快乐轻松的暑假。而有个别的孩子如果怕苦怕累，考不好，那么你的暑假就会过得不开心。所以，老师和大家一起，咬牙坚持挺过这最后的两个星期。加油吧！"看到大家有了斗志之后，我才带领他们开始复习生词，全班 54 名学生都很认真地读着……过了几分钟，我看看碧琪，只见她眼神游离，嘴巴跟着一张一合，明显在开小差，不过她很聪明，这些字词难不倒她。像她一样心不在焉的还有凯斌、伟东、自强，这几个小子，等着瞧！

复习告一段落，进入检测阶段，每人一张看拼音写词语的试卷，上面大概有 150 个词语要拼写。因为要训练速度，所以我采用了计时的方法。一声令下，孩子们伏案疾书，我则静静地享受这个过程。20 分钟过去了，第一位同学完成了，我记下时间，并问大家："大家觉得最慢的一个同学应该在这位同学的基础上加多少分钟合适呢？""10 分钟。""20 分钟。""好，就两倍的时间，40 分钟内完成的都算没有超时！"大家又继续奋笔疾书起来。

随着时间的推移，孩子们陆陆续续地上交了。直到截止时间，还有三个没完成，其中一个是因为写字速度慢，另外两个是因为对词语不熟练，其中包括凯斌。我宣布，这三个同学下午留下来训练。

6月15日　星期一　雨

今天的复习内容是课内阅读，我仍然采用先做后讲的方法，但是每一个环节都在计时状态下进行。

"现在开始做第一篇阅读，时间是6分钟。"我边说边在黑板上记下起止时间。我一边巡视，一边留意电子钟上的时间。我的注意力基本集中在那几名受特殊关注的学生身上，我欣喜地发现，他们的速度已经在不知不觉中提高了。时间到！大部分同学都提前完成了任务，对于几个没有按时完成的，我让他们站起来一分钟，并很严肃地告诉他们："你们的答题速度太慢，必须改进。"我看看第二篇阅读的内容，对时间做出了相应调整。值得高兴的是，在我规定的8分钟内，全班同学都完成了任务，而且字迹工整，准确率比较高。我表扬了大家。对那几名受特殊关注的学生，我更是给予了毫不吝啬的夸奖。我发现，他们的脸上都有一种体验到成功的喜悦。我决定，在以后所有的练习中，都采用计时法来训练学生的速度。

6月19日　星期五　晴

几天的速度训练效果显著，大家的书写速度明显有了很大的提高。我决定今天再进行一次综合测试，看看是否还有因为速度慢而影响考试的问题存在。

今天测试用的是2007年下学期的期末测试题，这是历年来容量最大、难度最高的一套试题。和上次一样，我只说明时间，其余的均由孩子们自己把握。我发现，凯斌的手腕上多了一样东西——手表，看来，他已经对时间有了紧迫感。题目确实有难度，从很多学生紧缩的眉头可以看出来，但是，他们都在专注地做着，没有发呆，没有开小差。我觉得，这已经够了，因为"态度决定一切"，态度改变了，还有什么不能改变的呢？

过几分钟，我就偷偷观察一下凯斌，他还是偶尔会开小差，但是集中思想做题的时间比以前要多得多了，因此，他的速度已经距离别人不太远了。我松了一口气，但同时我在心里告诫自己：训练学生的速度一定不能放松，以后还得一如既往地做下去，才可以达到"又快又好"的境界。

后记

在期末考试中，全班同学都顺利完成了试题，没有出现因为速度慢而影响考试成绩的情况。更令人惊喜的是，班级平均分在南沙街名列前茅。

第三节　"小眼睛"的幸福时刻

　　我们班有个与众不同的小男孩，他年龄不大，体重却不轻，白白胖胖的脸衬着一双极不协调的小眼睛——睁开和闭着几乎没有区别。正因为这种不协调的搭配，所有老师都对他"过目不忘"。令人"刻骨铭心"的还有他的"哭"，只要他自认没赚到便宜，便会立马发出惊天动地的哭声，仿佛受了天大的冤枉。可只要我厉声呵斥一句："不许哭，慢慢说！"他又会即刻停止哭泣，像关上录音机的开关一样干脆。等过了几分钟，你再偷偷去看他，他准是又在那里东张西望，看有没有需要他去"横插一杠子"的场合存在。正是这种爱管闲事的"嗜好"，使他在班上人气骤降，成了最不受同学欢迎的角色。他，叫港生。

　　对于这一切，我看在眼里，急在心头。都说童年是无忧无虑的，可像港生这样天天与人争吵，常常又哭又闹，偶尔还要被大家"群起而攻之"，哪有什么幸福可言呢？看来，我得帮帮他才行。

　　一天，我正在办公室改作业，一阵熟悉的哭诉声由远而近，我知道，又是港生来了。果然，只见他一脸委屈，边向我走来边大声说："老师，炀琳打我，我没打她，她就打我……"而跟在他身后的炀琳无可奈何地看着他，一副欲言又止的样子。我示意炀琳说说到底发生了什么事。炀琳说："刚才，我想把作业本传到后面同学那里去，当我的手往后甩的时候，刚好港生过来了，我的手就碰到了他。他就说我打他……""那就说明你不是故意的，对吗？"她点点头。"那你应该怎么处理呢？""我应该跟他说对不起。可——可我还没说，他就说我打他——"炀琳说着说着就要哭了。我看看港生，他已经基本恢复了平静。"炀琳，那现在说，好吗？"她点点头，对着港生低声说了一句："对不起，我不是故意的。"我问港生："你可以原谅她吗？"港生爽快地回答："可以。""可是——"我接着说，"你刚才也做错了一件事，你知道吗？"港生紧张地瞪大了小眼睛，不解地摇了摇头。"港生，你愿意和大家做朋友吗？"他犹豫了片刻，随即点了点头。"好，那老师带你们去一个地方。"我一手牵着满脸狐疑的港生，一手拉着脸蛋红红的炀琳，来到了学校的文化长廊——这是学校为了让孩子们更好地理解山海文化而专门设计的。长廊里图文并茂，很吸引孩子们。我们在"让心胸像大海一样宽广"那一部分前停下了脚步。在一幅海洋图前，我给他们讲起了《海纳百川》的故事："泉水从山腰的一个洞中涌出，然后淙淙地向山下流去。它听到了草、虾、石蟹、小鱼们的欢呼……小溪明白了，像大海那样心胸宽广，不斤斤计较，才能真正得到大家的尊重。"听完故事，港生似懂非懂地看着我。我摸摸他的头，问他："你喜欢故事中的谁呢？""大海。""为什么？""因为它不小气。""是啊，那你想学习它吗？"他点了点头。我把炀琳拉过来和港生站到一起，说："如果朋友之间发生了一点小误会，心胸开阔的小朋友一定会这么做的：他会首先想想自己有没有做错，然后去和朋友聊一聊，看看能不能自己解决这个问题。如果实在不行再去找老师和爸爸妈妈，而不是动不动就大呼小叫，得理不饶人。你们明白了吗？"港生半信半疑地说："可同学们都不喜欢我。""不是这样的，大家只是不喜欢你一点点事情就大吵大闹，不像个男子汉。如果你改正了这一点，一定是最受欢迎的孩子。炀琳，你说是不是啊？"炀琳点了点头。"那，港生，你现在知道刚才你哪里错了吗？""知道，我不该硬说炀琳打我，要先问清。""那该怎么办呢？""炀琳，对不起，我下次不乱说了。"看着港生真心地向炀琳道歉，我长长地舒了一口气。

接下来的那节是语文课，我早早地来到教室的讲台上，饶有兴趣地看着孩子们以自己的方式度过这短暂而又宝贵的课间十分钟。刚上完厕所的港生恰好从前门进来，只见他对挡在他身前的那位同学说："请让我过去一下好吗？"那位同学诧异地看了看港生，迅速让开了。看见了这一幕，我连忙走过去对港生说："港生，你刚才的表现真文明！"他听了我的表扬，有点不好意思又有点得意扬扬，低着头走回了座位。

　　上课了，我领着大家边做动作边读课文。所有学生都全情投入，我偷偷瞟了一眼港生，他正挥舞着胖胖的手臂在做着展翅的造型，虽然看上去像一只笨笨的企鹅，但是他的脸上却洋溢着灿烂和幸福。

第四节　知行合一兼内外，推动教师专业发展

　　我们学校是一所省一级学校，办学理念是"为孩子一生幸福奠基"，施行的是"山海文化、仁智教育"，一直希望能够打造一支"仁智合一"的教师队伍。2017年之前的十年里，我校几乎没有引进年轻教师，教师平均年龄从十年前的33岁一直增长到十年后的43岁。因为缺乏"新鲜血液"，教师队伍出现过于传统、活力不足、心态老化、观念僵化的态势。

　　自2017年以来，我校因为成立分校，极速输入了一批又一批刚毕业的年轻老师。这一变化导致我校教师年龄结构两极分化、业务能力青黄不接、教研科研方面能力低下，这些都成为我校继续发展的瓶颈。如何才能有效地加速青年教师的专业成长以及促进骨干教师的稳步发展，这两大问题一直是我们在不断思考与探索的。我觉得，要想找到解决办法，首先应该分析原因。

　　表面上看，我校遇到的问题主要是老教师们年龄偏大和新教师们过于年轻导致的，但是透过表面现象来看，主要原因有以下几方面：一是教师自身的原因。有的教师因为自身学识水平、专业技能等方面不够扎实，在教育教学过程中经常会出现焦虑心理；二是一些教师因为在与家长、学生的交流过程中不顺心而产生失望、无助等负面情绪；三是年轻教师对个人发展缺乏认识和规划，从而比较茫然。

　　综合分析不难发现，遏制我校教师发展的主要原因还是他们自身专业知识、专业精神、专业技能等的缺乏。正如叶澜教授说的："教师专业发展就是教师的专业成长或教师内在专业结构不断更新、演进和丰富的过程。"因此，促进教师专业发展没有捷径，唯有从理论和实践两方面一步一步来提升教师的"德"与"才"，逐步使其成为"德才兼备"的好教师。基于

这两个重心，我校在近两年的教师专业发展方面进行了多渠道、多维度的尝试与实践，也取得了一定的效果。

针对实际情况，我们制定了教师专业发展五年规划，计划通过理论与实践、走出去与请进来、线上与线下等方式，使教师在理论与师德、能力与素养、科研与成果等方面达到预期目标。具体目标细化为"三大目标""四大工程"。"三大目标"分别是：促进青年教师快速成长，增强骨干教师的加速发展；积极组织教师开展教育科研和学科教学研究，营造"开放、自由、创新、有效"的学术研究氛围，力争打造一支师德高尚、业务精湛、结构合理、充满活力的"仁智合一"的高素质专业化教师队伍；采取多种措施促进各级各类教师的研修与竞赛，以促进全体教师综合素质的自身提高和专业发展。"四大工程"为"青蓝工程""集团名教师工作坊工程""青年教师重点培养工程"和"仁智小课题研究工程"。

借助这些平台，在"知行合一""内外兼修"的理念指引下，我们多管齐下促进教师的发展，具体做法如下。

一、理论引领促进"知"

（一）专家引领促理论丰富

作为一名耕耘了多年的"老兵"，我深知理论知识的重要性。刚从湖南到广州南沙时，我就参加了南沙区的第一届班主任技能大赛。在那个比赛上我斩获第一名，因而晋级市级赛。可在那次市级赛上，取得南沙区第一名的我却仅仅获得了三等奖。那一次，我深刻地意识到了自己与其他教师之间的差距，而这个差距就体现在教学理念上。当时，我还没有形成一套属于自己的教学理念。

近年来，学校引进了大批青年教师。为了丰富他们的理论知识，近三年我校组织了多次理论培训。比如，2017 年，我校对新教师进行入职培训，利用学校的现有资源，请了一名优秀班主任和一名学科骨干教师分别对新教师进行了如何开展班主任工作和课堂教学中要注意的事项的培训，提升了新教师对班主任岗位、学科教师的认识，使新教师对即将面临的工作能够有所依据、有备而来；2018 年，我校邀请了课题申报及研究方面的专家进行专项讲座，为想进行课题申报的教师答疑解难；2019 年，我校又组织青年教师撰写教育教学案例，参与"好老师"基地校的案例征集评选活动。通过一次次培训，新教师们迅速掌握了系统的教学理论，这对他们之后走上讲台授课，意义匪浅。

（二）任务驱动促阅读能力提升

终生学习的理念对每一位教师来说都是尤为重要的，因此我校在教师阅读方面也非常重视，不仅制定了专门的《教师阅读工程活动方案》，每学期要求教师自主阅读教育教学专著以外，还定期开展读后感撰写、阅读沙龙、读书交流会等活动，营造书香校园的环境，促进彼此的沟通与成长，更促使教师将阅读当成一种生活方式，提升个人素养。（下表为我校开展的读后感比赛获奖情况一览表）

南沙小学"阅读的力量"教师读后感比赛获奖情况登记表

序号	姓名	读后感标题	获奖等级
1	梁佩仪	让课堂变得有料、有趣、有秩序	一等奖
2	刘日妍	让爱的种子播撒孩子心间	一等奖
3	胡紫薇	教育就是培养好习惯	一等奖
4	刘春红	让好情绪伴孩子健康成长——《正面管教》读后感	一等奖
5	洪涵	世外仙姝寂寞林，可悲可叹又可怜——《红楼梦》读后感	一等奖
6	郭笑兰	为孩子的健康心理护航	一等奖
7	罗照光	《国富论》读后感	一等奖
8	陈雪妮	读《怎样成为一名优秀教师》有感	一等奖
9	罗雪容	平凡中的不平凡	一等奖
10	陈晓锴	让数学如游戏一样有趣	一等奖
11	杨春菊	做一个善于控制自己情绪的教师	一等奖
12	李尹健	爱与坚守——《第 56 号教室的奇迹》读后感	一等奖
13	杨遐	爱与自由	一等奖
14	李彤	读《叶圣陶语文教育论集》有感	一等奖
15	高柳凤	和孩子一起健康成长	一等奖

序号	姓名	读后感标题	获奖等级
16	游声虹	善良是一种选择	一等奖
17	梁伟聪	《卡尔威特的教育》读后感	一等奖
18	陈雪梅	做一个有底气的老师	二等奖
19	陈燕纯	点燃创新火花，传递智慧教育	二等奖
20	陈锦凤	做一名终生的学习者	二等奖
21	陈银开	读《爱心与教育》有感	二等奖
22	徐春晓	用心才能优秀	二等奖
23	冯艺娟	凡事包容，凡事相信，凡事盼望，凡事忍耐——读《心平气和的一年级》	二等奖
24	罗洁芳	赏识学生，以关爱润泽孩子的心田——《山海文化教育》读后感	二等奖
25	彭秋平	定能生慧，静纳百川——读薛瑞萍《心平气和的一年级》有感	二等奖
26	黄子垚	好老师养成记——读《第56号教室的奇迹》有感	二等奖
27	李桂红	如何顺利开展教研活动	二等奖
28	凌红	读《围城》有感	二等奖
29	徐俊	《人和鬼》赏析	二等奖
30	黄卓	信任·探索·阅读——读《第56号教室的奇迹》有感	二等奖
31	朱丛笑	生命在于折腾——《没有影子的行走》读后感	二等奖
32	郭韵婷	《今天怎样做德育——点评88个情景故事》读后感	二等奖
33	郑铁贞	《遇见未知的自己》读后感	二等奖
34	何杏华	《做一个幸福的教师》读后感	二等奖
35	顾秀连	学会成功塑造新型的师生关系	二等奖
36	罗秀娟	多改变自己，少埋怨环境——读《班主任工作漫谈》有感	二等奖
37	邹文卿	智慧耕耘，收获幸福——读《班主任工作漫谈》有感	二等奖
38	何月葵	《假如给我三天光明》读后感	二等奖
39	黄燕燕	《有"版"有眼少儿版画创新教学》读后感	二等奖
40	吴巧兰	《做有智慧的语文教师》读后感	二等奖
41	王芷琪	作业不是学生学习生活的全部，学生（身份）也不是孩子的全部	二等奖
42	梁陈林	体育心理学及教学反思	二等奖

续表

序号	姓名	读后感标题	获奖等级
43	曾燕	《教师第一课》读书心得	三等奖
44	吴静	《做不抱怨的教师》读后感	三等奖
45	何丽华	做一个坚强的人——《钢铁是怎样炼成的》读后感	三等奖
46	陈英笑	《做最好的老师》读后感	三等奖
47	黄梦华	《孩子你慢慢来》读后感	三等奖
48	张静	《窦桂梅与主题教学》读后感	三等奖
49	黄金爱	读《班主任工作漫谈》有感	三等奖
50	李凤彩	读《优秀教师必备的20种素养》有感	三等奖
51	朱桂嫦	读《习近平的七年知青岁月》有感	三等奖
52	陈耀基	《放风筝的人》读后感	三等奖
53	李玲	读《怎样培养真正的人》心得体会	三等奖
54	陈艳媚	读《水知道答案》有感	三等奖
55	张丽	小学语文阅读教学中的合作学习模式应用	三等奖
56	罗颖欢	"简"处理人际关系	三等奖
57	张晓霞	《爱的教育》读后感	三等奖
58	朱少芬	一生何求	三等奖
59	郭钰云	《围城》读后感	三等奖
60	黄晓婉	《习近平的七年知青岁月》读后感	三等奖
61	吴婷婷	长的是苦难　短的是人生	三等奖
62	冯翠坪	做一位智慧型的教育者	三等奖
63	麦少云	永远怀念的"我们仨"	三等奖
64	何国立	尺有所短　寸有所长	三等奖
65	钟文华	理解、尊重、关爱——读《吴正宪给小学数学教师的建议》有感	三等奖
66	黄木莲	《如何做最好的教师》读后感	三等奖
67	黎晓霞	《遥远的救世主》读后感	三等奖
68	周贤丽	《罗恩老师的奇迹教育》读后感	三等奖
69	李惠芳	《童年》有感	三等奖
70	陈莹	《寻找时间的人》读后感	三等奖
71	洪善陶	人与人之间的爱	三等奖
72	唐建兰	《了不起的盖茨比》读后感	三等奖

序号	姓名	读后感标题	获奖等级
73	霍锡霞	保持阅读的习惯	三等奖
74	方萍萍	从女性主义意识解读《简·爱》	三等奖
75	常金鑫	《谁是我们共同的母亲》读后感	三等奖
76	姚家成	《枢纽》读后感	三等奖
77	朱建华	做一名有教育魅力的教师——读《教育魅力：青年教师成长钥匙》有感	三等奖
78	李大虔	《与体育教师谈心》读书心得	三等奖
79	王秋明	《爱的教育》读书心得	三等奖
80	赵禹龙	《体育参与动机调节系统》读后感	三等奖

（三）搭建平台促科研能力提升

对于一线教师来说，教科研能力的提升一直是"瓶颈"。教师对科研存在一种敬畏感，想去做却又不知如何下手。为了促使学校教师逐步实现从经验型教师向研究型教师转变，我校不仅设置了"南沙小学仁智小课题"的校级课题平台供教师尝试、学习、练兵，更是每学期定期组织开展关于课题研究方面的讲座和培训。近三年，我校各级各类课题立项数量已经达到了 20 多项，参与课题研究的比例达到了 60% 以上。为了将教师的优秀课例进行推广，我校对"一师一优课"晒课工作也尤为重视，近三年，我校的晒课量均超出指标数，还有不少教师的课例获得了省优、市优和区优。

二、实践引领推动"行"

（一）基本功训练打造自身

要成为一名优秀的小学教师，个人的基本功是一个非常重要的指标。为了促使青年教师能够循序渐进地练习好三笔字和简笔画，我校在近三年定期开展了硬笔书法比赛、粉笔字比赛和简笔画比赛。比赛的目的是提升。所以在每次比赛前几个月，学校就会制定方案、发放通知、组织训练、定期检查，在青年教师训练一段时间之后再统一参加学校的比赛。比赛之后，学校不仅要评出奖项，还要进行作品展示，以起到促进的作用。

（二）教学竞赛磨炼本领

和基本功训练比赛交叉进行的还有关于课堂教学方面的培训和比赛。近三年来，针对青年教师的课堂教学情况，我校组织开展了教学设计比赛、说课比赛、课堂教学比武、优质课展示比赛等等。每一次课堂教学类比赛会最少提前一个学期进行计划和安排，在比赛之前，学校统一组织相关培训和指导，解决过程中发现的问题。在正式比赛时，学校会根据赛事性质邀请各级各类代表担任评委，评选后进行表彰和展示推广。

（三）教育实践促进反思

为了使理论培训的作用和青年教师的教育教学工作能够有机结合并落到实处，学校还组织了多种形式的实践活动。

1."初为人师"新教师心得体会演讲比赛。我们要求新教师在开学初的一个月内在工作中养成观察、记录、思考的习惯，并举行新教师心得分享比赛。虽然只是一次普通的比赛，但是参赛的年轻教师经过写心得体会稿、与师傅沟通、练习演讲、准备照片及教育名言、登台当众演讲、获得奖项等几个环节之后，在自信心、胆量、细致程度等方面都有了一定的提高。

2."好老师"案例征集。2017年，我们学校收到了关于向全国中小学"好老师"基地校征集和遴选优秀育人案例的通知。我们抓住这次机会，发动年轻教师撰写育人案例进行参评。在对他们进行范文引路、方法指导后，共有19位青年教师上交了符合要求的案例，其中有5人次获得奖项。青年教师在这个实践过程中了解了案例的写法，逐步养成观察和反思总结的习惯，这无疑是一种进步。

3.广东教育学会青年教师教学设计比赛，共有14位青年教师提交了参赛作品。

三、项目引领激发"志"

（一）青蓝工程促使双赢

为了促进骨干教师和年轻教师的共同发展，学校实施了"青蓝工程"，以前是每位青年教师都有两位师傅，一位师傅指导德育班主任方面的工作，另一位师傅指导学科教学方面的工作。为了让师傅的指导、徒弟的学习不是形同虚设，能将共同促进真正落到实处，我们在每一项活动中细化要求，尽量做到操作性强、达到有效。比如，在每一项比赛的过程中对师傅和徒弟每个步骤应该如何做提出了具体建议和要求，还指导师徒及时记录和收集好过程资料，为期末的优秀师徒评比做好准备。另外，我们平时也对师徒之间的交流、指导、汇报等做一些具体要求，目的是真正促进双方的教学相长。

（二）工作室项目助力发展

"名校长、名教师、名班主任工作室"是近几年蓬勃发展的教师专业引领的载体，也是促进教师专业发展的"快车道"。在上一章中，我详细地介绍了我的个人工作室。而在我校，除了骨干教师成立了市级、区级共8个工作室外，其他教师也积极申报成为各级各类工作室成员、学员。至今为止，我校已有30多位教师成为各级别工作室成员或学员。

（三）校本教材物化成果

学校在组织开展教师发展的一系列工作中付出了巨大努力，为了能将过程性资料转化为学习资源和成果，我校组织部分教师编辑并印刷了《初为人师——青年教师校本培训集》。这本书主要分为四部分，即"蓄势待发——勤于学习""高山仰止——甘于奉献""海纳百川——乐于积累""扬帆起航——勇于实践"。书中主要收集了青年教师应该了解的一些专业知识、法律法规、值得阅读的一些书籍、值得观看的一些电影等。另外，我校一些能反映近几年新入职青年教师成长历程的论文、案例、随笔等也被收录其中。这本书既是我校近几年教师专业发展工作的一个缩影，也是今后新教师学习成长的一项指南。除此之外，我校教师还编辑印刷了《阅读手册》《成长手册》等校本教材，这既激发了教师的创作欲望，又让教师获得了成就感，更进一步点燃了教师的自我成长意识。

在过去的几年时间里，我校在教师专业发展方面循序渐进地做了大量的工作，也取得了较好的效果：教师的自我成长、自我发展意识得到了提升，教师的教学基本功、教科研能力、课堂教学能力等都得到了锻炼和提升。学校获得区级及以上级别的骨干教师从三年前的 5 个增长到现在的近 20 个，区级以上名师工作室由之前的 3 个增加到现在的 8 个，区级以上论文每次获奖人数由之前的 2—5 个增长到现在的 10 个以上，"一师一优课"区级以上获奖课例由之前的每次 3—6 人增长到现在的连续三次都在 15 人以上，区级以上课题数由之前的 4 个增长到 20 多个。

2003 年，我自而立之年来到南沙，一路看着学校从一所普通学校发展到如今的省级示范性小学。学校的每一步发展，我都是见证者、参与者，同时也乘着这股春风，我不断地践行着自身的教育理念和教育理想。

如今，19 年岁月过去，我的感恩之情从没有一刻淡却。

第七章

朝花夕拾

光阴似箭，日月如梭。

转眼间，30年岁月已过。从湖南到广州，我的教学生涯从来没有中断过，想想，真的是很多日子了。在这个过程中，我从一个懵懂的新人教师成长为一个有丰富教学经验的班主任，又成长为后来的名师工作室主持人。我在这方讲台上，挥洒的汗水太多太多了，可这方讲台回馈给我的，也是令我终身受益的。"温情润泽，静待花开"，这八个字不仅仅是我面对学生的态度，也是我对待自我的做法。我是一个善于坚持的人，我相信，做一件事情只要持之以恒，就能够带来质的变化；只要耐心等候，有一天花自然会开。

这些年来，我对教师这个职业、对自己的未来做了许多思考：作为一位久经沙场的"老兵"，除了教好自己的课之外，我究竟还能做些什么？我究竟还应该做些什么？

第一节　什么样的老师才是"优秀"的老师？

想起儿时在父亲身旁聆听他的教诲，转眼已近30载岁月，倏忽而过。这些年来，我的称谓一直是"老师"，有时候我在想，到底怎样才能算是一个"优秀"的老师呢？是让学生考出高分，是让自己能够达到一个很高的职位，还是斩获许多的荣誉？

在我看来，成功老师的标准绝不是唯一的。

首先，一个优秀的老师，在自己的专业范畴内，要对得起学生，对得起家长。在前面的章节，我已分享过许多语文教学经验。我一直认为，身为一个语文老师，教好自己班级孩子的语文，让他们读书习字、学会写作、提升素养，这便是我最初始也是最质朴的理想。"老师"这个词，在我眼里，它首先代表了一个职业、一份工作。在第一章，我曾回忆起当年成功得到这份工作时的心情，当时那种既兴奋又忐忑的心情仿佛又回到胸口，显得那么鲜活。我深知一个教师的首要使命是做好学科教育，这份"本分之事"如果没能做好，没能游刃有余，就枉谈其他。直到今天，我还是这么认为。

其次，一个优秀的老师，要有良好的道德人格和师德修养。所谓"学高为师，身正为范"，在教育中，如果不能以身作则，通过自己的言行举止去影响学生，那么这位老师再优秀，也只能算"差强人意"。在这方面，我一直秉持"温情育人"的理念。这本由我个人经验凝结而成的专著名为"温情润泽，静待花开"，"温情"仍是重若千斤的主题。在多年的育人过程中，承蒙学生的厚爱，我一直是学校里最受欢迎的老师之一。很多时候，在与学生的沟通探讨中，我不仅了解了他们的学习情况，更聆听到了他们的心声。通过师生之间的交心，我觉得自己不仅传授了他们知识，更参与了他们的一段人生。这是我作为一名老师，最大的幸福所在。

最后，一个优秀的老师，还需要有足够的视野和灵敏的"嗅觉"。过去，我认为当老师的首要要求是"关爱与责任"，但今天，仅仅凭借关爱与责任是远远不够的，还需要另外两个词——科学和创新。当年我的父亲在担任自然老师时，自己手工剪幻灯片、安装幻灯机、做手工教具。看到这些，当时年少的我，对父亲崇拜得不行。而今朝，我们早已进入了多媒体教学时代，有无数的科技产品可以辅助我们备课和教学，线上授课也早已成为一种普遍的教学形式。身为一个教龄偏长的老师，我真觉得紧跟时代步伐永远保持开阔的视野，是至关重要的。只有及时更新自己的教学方法，学习使用最新的教学设备，掌握最前沿的教育理念，我们的学生才不会"被时代的浪潮甩在身后"。同时，在当下，对孩子的要求早已不是仅仅"学习好"就可以，家长们更希望自己的孩子能够在成绩优秀的同时，有健全的人格、有健康的心理、有健壮的体魄。家长们对孩子们的保护比过去更加严密，社会对莘莘学子也倾注了更多的注意力，这决定了我们教育模式的革新是早晚要实施的。故步自封，只会既耽误自己，也耽误学生。

做到以上三个方面，我觉得才可以谈论关于"优秀"老师的话题。其实，优秀老师的定义也不是唯一的，只要能够对学生的成长起到积极向上引导的作用，那么这位老师就是一位好老师。

第二节　启航新征程

　　我是个相当执着的人，过去如此，现在亦然。

　　过去，承蒙领导的信任，我曾有过许多可以担任行政工作的机会。这样的机会在很多人眼里就是"升职的时候"，然而当它们来到我的面前时，我无一例外都拒绝了。原因无它，我深知，如果我担任行政工作，势必会影响到自己的教学。一个人的精力是有限的，如果不知道取舍，那么最后就是竹篮打水一场空。在很长的岁月里，我对担任行政岗位都是敬而远之的。与其西瓜、芝麻一手抓，不如踏踏实实地把自己的工作做好，这是我一直以来坚持的理念与原则。

　　但随着时间的推移，我渐渐也有了一些新的认知。我意识到，其实衡量一个老师的教学成果，不仅仅是看他自身做了多少、做得怎样，更要看他影响了多少人、改变了多少人。当一个学科老师，当一名班主任，或许我竭尽全力，也仅仅是影响了自己班级里的孩子，这固然幸甚至哉。但如果能够在一个行政岗位上做出贡献，践行自己的教育理念，推行自己的教育方法，那么最后，能够惠及的人可能远远不止是自己班级的学生了。

　　这或许就是教育的"高段位"。有了这样的认识，我开始重新地审视我的选择。我想或许在人生和教涯的新阶段，我应当尝试一些之前没有做过的工作。

　　2020 年 9 月，我的岗位再度调动，如今我已担任南沙小学教育集团德育中心负责人。现在的工作与过去相比较，有相同之处，也有不同点。在过去，我面对的对象更多的是学生，如今我的任务是为各大校区的青年教师做教学培训与德育培训，以便他们可以更好地提升自己的教学质量，进而帮助各大校区的学生。从某种程度上来说，这也算是从"授人以鱼"到"授人以渔"。

　　这几年的行政工作做下来，我感触颇多。很多人问我辛不辛苦、累不累？坦诚言之，说不累是骗人的。特别是这几年我在担任行政工作的同时，并没有放弃自己在一线的语文教学工作，我一直认为老师是不宜离开一线的。就像史学大家陈寅恪先生曾说的，不教书那叫什么教书匠呢？

这样一来，如何平衡好时间，就成了我不得不正视、不得不思考的一个问题。而我个人的处理方法是昼夜兼程。在这几年中，我常常白天备课，做语文的教学工作，晚上就做各项行政工作，校级的、区级的乃至市级的。工作强度不低，所幸我还是坚持了下来，没有辜负领导和同事们的信任。而在不断的锻炼和平衡的过程中，我做工作也更加游刃有余。

今天的我，简单的心愿就是用自己的经验和力量为南沙小学教育集团培养好学生，培养好青年教师，切切实实地以自己的力量去影响更多的人，让自己的教学理念真正地帮助到更多的人。

第三节　写给青年教师

在撰写这本专著的时候，我无数次地思索，这本书被撰写出来的意义究竟在哪里？后来，我得出了两个结论。一方面，这本书无疑是对我过去30年教学生涯的一个总结，对我更好地回顾过去、总结得失，意义非凡；另一方面，这本书也是我送给所有青年教师的礼物，希望我的个人经历、我的心得体会、我的总结与感想，能够予以他们借鉴的蓝本，从而帮助他们更好地把握自己的职业生涯。

我曾经跟不少朋友说过，如果你对教师这份职业不热爱的话，真的建议你不要从事这份职业。因为这份职业非同一般，它面对的是活生生的人。

首先，作为老师，我们要意识到，这个职业是区别于其他职业的。我们所从事的是塑造人心灵的职业。如果不够热爱这份职业，进而懈怠、排斥，那么影响的就不仅仅是你个人，还有坐在讲台下面的那些孩子。习近平总书记曾说："一个人遇到一个好老师是人生的幸运，一个学校拥有好老师是学校的光荣，一个民族源源不断涌现出一批又一批好老师则是民族的希望。"如果一个老师不够尽责、对待教育的态度不端正，那么他对孩子的伤害也是终生的。所以我一直认为，青年教师首先要明确自己的职业意义，要清楚教师这份职业的使命与真谛，这样才能免于误入歧途，进而耽误了自己、伤害学生。

其次，从事教师行业无疑是要有奉献精神的。奉献精神说起来很简单，可真正做起来就没有那么容易了。你需要关心你所教的所有孩子，关心他们的学习，关心他们的情绪，关心他们的成长；你要做好学科教学，用尽一切你所知晓的方法，去学习、去思考、去揣摩、去探索，并在实践中检验和完善；你还要兼顾好自己的工作与生活，必要时候要牺牲自己的私人时间，去做必须完成的工作。更重要的是，这样的日子不是一天两天，而是会持续相当长的一段时间，很多时候，三尺讲台一站就是一辈子。若不是真正地热爱，很多人是难以承受这样的辛苦与压力的。

如今，许多青年教师的学历都不低，像我们学校，招收教师最低的学历要求也是本科。可在小学教育中，比起学历，职业意识和奉献精神更加重要。曾经有人问我："当班主任那么辛苦，为何你一当就是20多年？"我回答："因为我真的热爱。"唯有将这份职业当成事业，以无尽的热爱去拥抱它，才能够披荆斩棘，战胜一切困难。

后记

我是老师

曾有孩子跟我讲过这样一件事情，他的一位老师在当了"主任"之后，心气高了，过去的学生称呼他"老师"（而不是主任），他竟然面露不悦。我当时就跟他说："如果是我，我决不会如此。"无论我在哪一个职位上，无论是过去还是现在，无论取得了怎样的成绩，我都明白，我本质上始终是一名普通的南沙老师。

或许在许多同行与家长看来，今天的我似乎并不普通，因为我的头上已经有名班主任、优秀教师、高级教师等众多光环。但在我的内心，我并没有因这些荣誉而自满，反而因这些荣誉而感到肩负的重任。我深知，如果没有南沙区浇灌出的这片教育沃土，没有南沙基础教育放眼国际的远大抱负，没有南沙小学山海文化、仁智教育的引领，我的事业梦想就只是无本之木、无源之水。

2003 年 8 月，我怀着忐忑的心情陪着丈夫、领着儿子远离故土，来到南沙小学。面对陌生的环境、简易的住房、不便的交通、不适的气候，当初的我也不止一次对自己的选择表示怀疑。而就在我心情低落时，学校领导的一番讲话鼓舞了我。他说："幸福要靠我们自己追寻，南沙的美好在未来，南沙教育的未来在我们！"

是啊，"知识决定命运，教师成就未来"，这不正是我教育生命存在的意义吗！这不正是我从事教育事业的初心吗？

或许是因为心中有了这份追求，我的工作与生活悄然改变。正是怀着这份信念，我砥砺前行，把教育当成终生的梦想与追求：我从孩子们清澈的眼眸中汲取力量，从同事们殷切的鼓励中获取动力，从领导们铿锵的话语中摄取能量，从南沙区阔步的前行中获得资源。就这样，曾经的陌生变成了熟悉，曾经的沮丧被温暖替代，我在教育的梦想之路上越走越坚实，越走越宽阔。

时光飞逝，一切都已改变。2021年6月18日，我被认定为南沙区2020年度教育优秀人才。回想来时之路，恍然如梦，转眼间我从一名青涩教师成为现在的"沙场老兵"，南沙小学从一所名不见经传的小学一跃成为全国文明学校。南沙教育更是经历了破茧成蝶般的蜕变：在区委、区政府的正确指导下，在社会各界的通力合作下，在广大教师和教育工作者群策群力下，南沙区的中小学、幼儿园如雨后春笋般茁壮成长；教育落后已成为过去；人才引进、名师培养、国际化教育……一项项挑战吹响了号角，"凭高而立，向海而生"的理念激励着一批又一批有志之士立足南沙，放眼世界，为培养优质的全能型人才而上下求索。

但一切又都没有变，因为我仍然坚信：知识决定命运，教师成就未来。我仍然将"做有理想信念、道德情操、扎实学识、仁爱之心的好老师"当作毕生的目标。每一天清晨，我都会带着"南沙教育的未来在我们"这份执着，开启新的征程。

或许，这就是习近平总书记曾说的"不忘初心，方得始终"吧！